ME DIGA QUEM EU SOU

Helena Gayer

Me diga quem eu sou
Uma bipolar em busca da sanidade

Copyright © 2017 by Helena Gayer

Grafia atualizada segundo o Acordo Ortográfico da Língua Portuguesa de 1990, que entrou em vigor no Brasil em 2009.

Capa
Estúdio Bogotá

Ilustração de capa
Helena Cintra/ Estúdio Bogotá

Preparação
Fernanda Villa Nova de Mello

Revisão
Huendel Viana
Thaís Totino Richter

Dados Internacionais de Catalogação na Publicação (CIP)
(Câmara Brasileira do Livro, SP, Brasil)

    Gayer, Helena
        Me diga quem eu sou : uma bipolar em busca da sanidade / Helena Gayer. – 1ª ed. – São Paulo : Objetiva, 2017.

    ISBN 978-85-470-0034-9

        1. Gayer, Helena 2. Pacientes de transtorno bipolar – Biografia 3. Relatos 4. Transtorno bipolar I. Título.

	CDD-616.8950092
17-02004	NLM-WM 170

Índice para catálogo sistemático:
1. Transtorno bipolar do humor : Portadores : Autobiografia 616.8950092

[2017]
Todos os direitos desta edição reservados à
EDITORA SCHWARCZ S.A.
Praça Floriano, 19 — Sala 3001
20031-050 – Rio de Janeiro – RJ
Telefone: (21) 3993-7510
www.companhiadasletras.com.br
www.blogdacompanhia.com.br
facebook.com/editoraobjetiva
instagram.com/editora_objetiva
twitter.com/edobjetiva

ME DIGA QUEM EU SOU

1. Verão, 1988

Dizem que um livro pode mudar uma vida. A Bíblia foi meu livro de bolso durante a juventude. Eu a lia e relia. No Apocalipse, aprendi que os escolhidos de Deus seriam 144 mil, marcados com o selo divino. Isso ficou gravado em minha memória. Que número místico era esse? O que significava? Anos depois, na casa de um dos meus colegas da faculdade de oceanografia, meu primeiro curso universitário, me deparei com o mesmo número mágico num livro que mudaria tudo para mim. Seu título era sugestivo: *Do Jardim do Éden à era de Aquarius*, de Greg Brodsky. Eu tinha dezenove anos, e era como se tivesse encontrado algo que buscava havia muito tempo. O livro me deu coragem, me fez trilhar caminhos solitários e inusitados. Ele falava em 144 mil pessoas de nível de consciência elevado, saudações ao sol, níveis de consciência e alimentação saudável. Só mais tarde eu me daria conta de que aquilo seria uma grande cilada.

Estávamos em 1986. Eu tinha deixado minha família em Canoas e morava com uma tia na região metropolitana de Porto Alegre. Apaixonada pela natureza, eu ia à praia com frequência para conviver com meus adoráveis colegas de faculdade, que vinham dos quatro cantos do Brasil.

Eu tinha todo tipo de amigos. O Gil era um cara legal: inteligente, alegre, doidinho. Entramos juntos na faculdade. Era um maluco beleza que tinha usado todos os tipos de droga, mas seguia firme e forte, e arrastava um caminhão por mim. Tinha a Cris, minha amiga de São Paulo. Numa tarde desse mesmo ano bati, perdida, na porta de sua casa no Cassino, e ficou gravada na minha memória a melhor acolhida que já tive em toda minha vida. "Helena, é tu? Eu não acredito!" Seus olhos negros brilhavam. "Eu não acredito, Helena! Que bom que tu está aqui!" Ela segurou minhas mãos e me girou ensandecidamente como numa ciranda. Ocupamos toda a sala. Duas amigas. Duas crianças. "Helena! Helena! Ah! Ah! Ah! Que bom! Que bom!" Meus olhos se encheram de lágrimas. Cris, amada Cris. Havia também o Diego, gaúcho, talvez de Porto Alegre. Um cara grande, loiro, bonachão, com o dom de tocar gaita como poucos.

Me lembro de um dia ensolarado à beira-mar. Eu na garupa da bicicleta e meu amigo Ricardo na direção. Deslizávamos no litoral de Porto Alegre pela orla do Cassino, uma praia gigante de areia plana e dura, a maior em extensão do mundo, dizem alguns. As rodas abriam um vinco na areia molhada; as pessoas, os carros, as dunas, as nuvens e as gaivotas passavam.

Me lembro também de um entardecer. Meus amigos tinham ido nadar no mar levando um imenso pastor-alemão. Fiquei na minha, mergulhando e curtindo um arco-íris que surgira no lado oposto ao do pôr do sol. A luz no céu era linda e as ondas de água salgada que nos envolviam pareciam se mover sob uma película dourada. Dentro de mim o desejo de que aquele momento se eternizasse. Eu sentia que tinha toda a vida pela frente.

Sou bipolar. Fui diagnosticada quando tinha 21 anos. Ou seja, vivo entre dois mundos. De um lado, a depressão; de outro, a mania, a euforia. Nunca sei para que lado estou indo até mergulhar num dos extremos. Tive uma adolescência inconstante, rebelde, em que meu humor oscilava radicalmente, mas nunca havia enfrentado uma crise como a que me atingiu aos 21. Foi uma bomba, espalhando seus estilhaços por todos os lados.

Era verão, 1988. Eu estava na praia Recanto dos Padres, na paradisíaca Florianópolis. Havia reencontrado o Diego depois de dois anos sem vê-lo. Lembro apenas que ele segurou meu braço e disse: "Não! Tu não vai sair!". Por ironia do destino, ou acaso divino, meu amigo de um dos períodos mais iluminados da minha vida seria um dos espectadores do meu primeiro e mais desastroso surto de mania. O estrago foi tão descomunal e fora de controle que o resultado foi minha primeira internação psiquiátrica.

Eu tinha abandonado o curso de oceanografia e meus maravilhosos colegas. Agora eu cursava jornalismo na Universidade Federal do Rio Grande do Sul, a UFRGS. Vera, uma vizinha, me convidou para acampar em Florianópolis. Eu não conseguia acreditar em tanta beleza. A vegetação e o mar de água transparente, em nuances azul-esverdeadas, me inundavam. Estávamos num ônibus lotado, subíamos e descíamos, morro após morro. Todo mundo apertado mas feliz, afinal de contas trafegávamos pelo paraíso. No entanto, jamais poderia imaginar que aos poucos tudo se transfiguraria e que para mim o paraíso se transformaria na certeza do inferno. Nossa primeira parada foi na praia de Garopaba. Até aí tudo certo, minha mente ainda funcionava relativamente bem, mas quando cheguei ao Recanto dos Padres, o processo de mania começou a se desencadear. Paisagem maravilhosa, gente bonita, clima agradável. Esse foi o tripé que, aliado às ideias do livro *Do Jardim do Éden à era de Aquarius*, fez com que eu acreditasse estar realmente na era de Aquarius. A partir de então, não houve mais limites, comecei a ficar ligada.

No início Vera não percebeu a mudança, pois evoluía de forma sutil, mas em determinado momento foi impossível não notar. A mania chegou a um ponto em que eu não dormia mais, não comia; era como estar drogada. Havia várias praias onde eu poderia alucinar, e foi exatamente o que fiz. A preferida era a Quatro Ilhas. Mar aberto, ondas fortes e o bar Submarino Amarelo de frente para a praia. Eu e minha vizinha descobrimos o point e não desgrudamos mais dele. No início, íamos juntas, mas, quando a crise de mania avançou, comecei a sair sozinha, e Vera passou a não ter ideia de meu paradeiro.

Minha constante companheira era a lua cheia, que parecia estar no céu sempre que eu a procurava. Ao chegar ao bar, ela estava lá, imensa e amarela, brilhando nas águas do oceano, iluminando meus delírios. Tudo começou ali. Um lugar frequentado por jovens bonitos e bronzeados. O ritmo envolvente da surf music — novidade para mim e para Vera — e o ambiente rústico eram mais que uma tentação: eram um convite ao mergulho numa era de Aquarius moderna. E assim foi. Quase todas as noites estávamos ali, e não demorou muito para que eu me sentisse em casa — um grande equívoco de minha parte. No surto de mania toda certeza é uma ilusão. Eu me interessei por dois rapazes, acho que proprietários do estabelecimento. Um deles era loiro. (Este eu reencontrei pouco tempo depois numa festa da faculdade de arquitetura da UFRGS. Ele me reconheceu — o que era impossível de não acontecer depois de toda a confusão que causei em Florianópolis — e me deu um olhar demorado e, ao mesmo tempo, frio. Com certeza me queria a quilômetros de distância.) O outro era um moreno alto que se chamava Hélio.

Nossos olhares se cruzaram e o encontro aconteceu. Vera e eu tínhamos combinado de começar a sair sem calcinha. Era uma brincadeira, mas é claro que os hormônios estavam a mil. E era assim que eu estava quando Hélio me levou um pouco mais para longe do Submarino. Nós nos deitamos na praia, noite de luar. Não podia acreditar: ele era areia demais para o meu caminhão. Ele me acariciou, sentiu que eu estava sem calcinha e tentou ir até o fim. O receio de engravidar me travou. A mesma cautela faria com que, no futuro, eu escapasse ilesa de situações semelhantes e evitasse ter um filho de um estranho que nunca mais veria. Depois de gozar ao meu lado, ele foi embora e me deixou sozinha na areia gelada. Ali começou a roleta-russa.

Passei a sair sozinha sem qualquer senso de autoproteção. Pelo contrário, quanto maior era a escuridão da noite, quanto mais eu me arriscava, mais intensa era a magia que tanto me fascinava. A última vez que saí acompanhada — com uma garota do camping onde eu estava — se transformou numa alucinação que detonaria acontecimentos desastrosos. Estávamos indo para o bom e velho Submarino Amarelo, é claro, e, no caminho, encontramos um homem bêbado. Seu grau de embriaguez era tão alto que ele tinha parado o carro na beira de um barranco, com uma das rodas no ar. O veículo oscilava e dava a sensação de que tombaria a qualquer instante. Decidimos levar o sujeito para onde estava hospedado. Era uma enorme cabana. Ele tentou abrir a porta, mas estava completamente sem coordenação. Peguei a chave de sua mão e entramos na espaçosa cabana. Estava vazia, mas havia indícios de que outras pessoas também a ocupavam. Procuramos por comida e achamos alguns salgadinhos. Saímos para caminhar um pouco com a ideia de aliviar o porre do sujeito. Nosso rumo foi a praia de Bombinhas. Fechei a porta e guardei a chave no bolso. Chegando à praia, vi uma série de pedalinhos. Arrastamos um deles até a água. O pedalinho foi se afastando da costa, nós três empoleirados, pedalando sem destino. De repente, o homem tentou me agarrar. Pensei em reagir, mas preferi me jogar na água. A outra garota ficou para trás. À noite o mar assusta, parece que vai te engolir. As calças de brim encharcadas exigiam um esforço bem maior de minhas pernas e braços, e o resultado de minha luta não correspondia em nada à enorme vontade que eu tinha de sair dali. O bêbado agora me perseguia de pedalinho, queria passar por cima de mim. A sensação era de que eu me arrastava pela água. Quando meus pés finalmente tocaram o chão, deixei a praia sem olhar para trás. Foi a última vez que saí acompanhada. Já estava dormindo pouco e me alimentando mal. Meu delírio foi ficando mais intenso e passei a rondar sozinha o Submarino Amarelo, como se ele fosse um ímã que me atraía para o perigo e a demência. A influência do livro *Do Jardim do Éden à era de Aquarius* fez com que eu começasse a me sentir uma enviada divina. A imaginação alçava voos estratosféricos, e comecei a acreditar ser uma linda mulher em luta constante contra o Mal.

Praia de Quatro Ilhas, manhã, quase em frente ao bar que tanto me atraía. Um cão vinha em minha direção. Minha mente começava a dar sinais de que a viagem que se aproximava não era coisa pouca. Nasceu em mim a certeza de que aquele animal era a encarnação do demônio, então iniciei um diálogo interno, silencioso (que a partir daí não permitiria que várias pessoas percebessem minha insanidade). Ali, a praia estava deserta. Era muito cedo. O cão se aproximou, passou por mim e se foi. Eu o fuzilei com olhares e pensamentos, o acusei de ser uma entidade maligna, e imaginei que o fizesse saber da sua essência. Durou poucos minutos. O inocente animal seguiu seu caminho, completamente alheio. Para mim, a batalha contra o Mal estava vencida. Era impossível saber que a guerra que se aproximava seria bem mais exaustiva.

Os banhos nos chuveiros do camping me revigoravam. Eram um ritual de magia no qual a água e os sabonetes cheirosos me enchiam de energia apesar das noites em claro e das longas caminhadas. Em crises futuras também seria assim. Estar limpa, cheirosa e de cabelos molhados me revigorava, me dava forças para seguir lutando contra o Mal. A ideia de ser uma mulher linda em plena era de Aquarius se tornou a minha fortaleza.

Acabei me envolvendo com um rapaz do camping, que de início não percebeu o terreno movediço em que pisava. Ficávamos ali por perto, tomando banho de mar, curtindo o verão, até que um dia o convidei para entrar na cabana da qual eu tinha a chave. Ele aceitou sem questionar, certo de que o lugar era meu. E era verdade, para mim o caminho estava livre; afinal, estávamos na era de Aquarius e eu era uma enviada. No segundo andar da cabana, encontrei uma mala cheia de dólares. Dei a ele algumas notas pedindo que comprasse roupas. No quarto que supus ser o da dona da casa, escolhi uma sandália, uma pulseira, uma calça e uma blusa branca. Por coincidência, eu e ela usávamos o mesmo número. Tudo funcionava como num passe de mágica. Deixamos o lugar, pegamos uma carona e seguimos para uma festa de cuja localização eu não fazia a menor ideia. Acredito que era época de Carnaval. Eu não tinha qualquer cuidado com o rumo que eu tomava ou como escolhia minhas companhias. Chegamos. A única coisa de que me lembro é da figura de um homem, um mendigo, na porta da festa. Era alto, magro, tinha o cabelo castanho-escuro e a pele clara. Acho que estava sentado pedindo uns trocados. Comecei a encará-lo. Ele percebeu a insistência do meu olhar. Minha mente viajou longe e novamente o processo de luta contra o Mal se iniciou. Sim, aquele homem era a encarnação do maligno. A cada instante meu olhar era mais fulminante, mas de repente a vítima reagiu. Quando eu menos esperava, ele me deu uma bofetada tão forte que cheguei a ter a impressão de ver estrelas. O rapaz que me acompanhava nem percebeu. Aceitei aquela agressão de forma silenciosa. O mendigo me olhou como se dissesse: "toma, sua vadia", mas entrei na festa sem me sentir vencida. A noite tinha acabado de começar e o amanhecer traria mais desafios. Não lembro o que aconteceu naquele lugar. Devo ter dançado alucinadamente. Só me recordo da volta. Já era dia. Eu e o rapaz, podres de cansaço, dentro de um ônibus sacolejante. Foi difícil manter os olhos abertos, e acabamos dormindo e passando do ponto. Tivemos que descer em Mariscal, uma praia de mar revolto que fica ao lado de Quatro Ilhas. Ele ficou bravo por eu ter pegado no sono e colocou em mim a responsabilidade por termos de caminhar tanto. Ficou ainda mais furioso quando joguei fora boa parte da cocaína que ele tinha comprado para revender. Recordo sua frustração misturada com uma espécie de desespero. Apesar de toda a raiva, ele não encostou a mão em mim. Permaneceu ao meu lado para voltarmos juntos a Quatro Ilhas.

 O corpo exausto pela noite em claro, junto com a fome e o sol, tornou nossa caminhada extenuante. Permanecemos em completo silêncio durante todo o trajeto. O dia estava lindo, o céu um azul perfeito. Muito calor, horário de almoço, pouca gente na rua. Assim que enfiei a chave na fechadura, a realidade deu uma guinada de 360 graus. A polícia surgiu de todos os cantos. Dentro da cabana estavam os seus legítimos ocupantes. A dona das roupas que eu vestia me chamava sem parar de vagabunda. Um homem que parecia ser o marido me levantou pelo pescoço e depois me jogou no chão. Permaneci ali, sem qualquer reação, ouvindo cobras e lagartos. A mulher arrebentou a pulseira do meu braço e exigiu que eu tirasse suas roupas. Obedeci, e coloquei a parte de baixo do meu biquíni preto e a blusa decotada que eu tinha deixado na cabana — era como eu costumava me vestir. Os pés sempre descalços. Os policiais nos tiraram dali. Fomos algemados e colocados na viatura. O rapaz, me odiando, cuspiu em mim. Em que cilada ele foi se meter. O pior é que a polícia encontrou o restante da sua cocaína na cabana, numa caixinha de fósforos. A essa altura, é claro que a minha ilusão de ser uma enviada divina estava um pouco abalada — só um pouco. Quando cheguei à delegacia, fui colocada em uma cela vazia pequena. Faminta, exigi que me trouxessem um xis salada. Por incrível que pareça, me trouxeram. Mas era um xis bacon e, na minha viagem, imaginei que o bacon era o Mal. Comi o xis inteiro, exceto o bacon, que cuspi no chão. Um tempo depois me chamaram para o interrogatório. Perguntas e mais perguntas. De onde vocês vieram? Onde conseguiram a cocaína? O policial pegou uma faca e começou a roçá-la no meu pescoço. Ele insistia, inquiria, me ameaçava. Aí foi demais. Minha cabeça girava, a sensação era de que ia se soltar do pescoço. Comecei a chorar desesperadamente. Falei que a única coisa de que tinha conhecimento era que o rapaz tinha comprado a droga para uso próprio e talvez para revenda. Não tinha mais nada a dizer, era tudo o que eu sabia. O policial me conduziu então para uma sala onde tiraram fotos minhas de frente e de perfil. Depois me liberaram.

Não sei o que fizeram com o sujeito. Aquele verão deve ter sido inesquecível para ele. Para mim, certamente foi. Vera, minha vizinha, foi me buscar na delegacia. Não sei como ficou sabendo de toda a história. Voltamos para o camping como se nada fosse. Surpreendentemente, ela ainda não tinha percebido o que estava acontecendo comigo, e continuei livre para cometer minhas loucuras. Voltei a frequentar o Submarino Amarelo, agora de forma ainda mais intensa. Passava dias inteiros gravitando ao redor do bar como um satélite insano e obcecado. Minha trajetória só foi interrompida na noite em que comecei a esbravejar com uma cliente. Ela era mais uma entidade maligna. Dessa vez o dono se irritou e me expulsou do bar com um golpe de alguma arte marcial que até hoje não identifiquei. Só sei que me pegou pelos braços e me fez voar como uma pena. Fiquei estatelada no chão, imóvel. Não disse nada, não reagi, simplesmente permaneci deitada. As pessoas ao redor me olhavam. Eu, inerte. Só pedi que chamassem a polícia. Quando ela chegou, me encontrou na mesma posição. Os policiais me reconheceram e me levaram para o camping. Vera estava lá, mais surpresa do que nunca. Os policiais me colocaram na barraca e disseram que eu só precisava descansar. Algo impensável para uma bipolar em plena crise de mania. Fiquei deitada por alguns instantes, mas, assim que Vera se afastou, aproveitei para escapar. No caminho, a mão de alguém me impediu de seguir: "Não! Tu não vai sair!".

Era o Diego, amigo dos tempos em que eu frequentava a praia do Cassino. Ele, sim, vinha percebendo mudanças em meu comportamento. Mas insisti, o despistei e saí. Andei sem cessar nas sombras da noite, nos becos escuros, desafiando a morte a cada passo sem a menor noção do perigo. Andei até o amanhecer. Vera me encontrou num morro, os pés cheios de cortes e espinhos. Me convidou para voltar com ela. Quebrei seus óculos com o intuito de destruir o Mal. Ela enxergava pouquíssimo sem eles. Agora era o fim. Vera entrou em contato com meu pai, que foi me buscar de carona com outra vizinha do meu bairro em Canoas. Seis horas de viagem. Volto para minha cidade no banco de trás do fusca, calada, a cabeça girando. Fiquei pouco tempo em casa. Minha alteração de humor era gritante. Fui levada ao hospital psiquiátrico. Minha família fingiu que meu pai estava doente para que eu não manifestasse resistência à internação. Ali, pela primeira vez, tive a experiência de ser amarrada a uma cama. Quando algum interno vai para as cordas, todos os outros sabem, e a sensação é desconcertante. É o terror, é o começo de um calvário que parece interminável.

2. Dançando numa sala vazia

Me lembro de, ainda pequena, sentir o prazer me invadir quando eu era cercada pela fumaça sufocante e branca da grama cortada que meu pai costumava queimar. Me perder em meio àquela nuvem cinza-clara me trazia uma sensação de mistério, de risco. Isso me fascinava. Meus passos seguiam sem hesitar o que minha mente oscilante ditava. A entrega ao fascínio, a um mundo maravilhoso e sem limites e, ao mesmo tempo, assustador, pode conduzir a caminhos sem volta, a eternas cicatrizes. Nunca precisei de drogas alucinógenas para essas vertigens. Minha química explosiva era capaz de me levar do éden aos mais negros abismos. Não consigo definir quando exatamente tudo começou, mas acredito já ter nascido com essa sina.

Dos catorze aos dezoito anos minha vida foi uma alternância entre depressão profunda, normalidade e momentos de hipomania. Tive uma adolescência de altos e baixos não em função da rebeldia, mas de um cérebro inquieto que me levava de um lado para o outro sem pedir licença. Por ocasião da minha primeira menstruação, lá estava eu, em plena crise depressiva. O sangue escorria pelas pernas, encharcava minhas calças de brim, e eu nada fazia. Eu tinha treze anos, menstruei tarde. Eu e minha mãe sempre conversávamos sobre isso, mas quando aconteceu, uma inércia tomou conta de mim. Não conseguia ter a mínima reação a um marco na vida de qualquer garota.

Era como se eu fosse um fantoche desprovido de vida. A tristeza me invadia aos poucos, as coisas iam perdendo sentido e, de repente, me encontrava numa prostração, totalmente estática, definitiva. E era assim que eu também me sentia com relação à separação de corpos dos meus pais. Eles ainda moravam sob o mesmo teto, mas, então, numa noite qualquer, minha mãe decidiu não dormir mais com meu pai. Na verdade, a cama que os unia se tornou um terreno de batalha onde o rancor e a falta de diálogo reinavam. A decisão foi sem volta, e eu, no meu desespero diante daquilo tudo, afundei num poço profundo e perigoso. Estava encurralada frente a uma realidade intransponível e de uma tristeza visceral que me comia por dentro, que me tirava a alegria de viver. A sensação era de estar chumbada e irremediavelmente condenada às profundezas às quais eu me entregava sem reagir. Mergulhei nesse abismo inúmeras vezes. Eu acreditava que não havia alternativa. Minha família não conseguia entender como eu podia reagir de forma tão intensa. Eles seguiam suas vidas e não falavam sobre o assunto, mas eu deixei a minha em suspenso tantas vezes que perdi a conta. Eu me lembro de Giulia, minha tia que morava em nossa casa desde os dez anos de idade, quando sua mãe morreu. Era praticamente uma irmã mais velha, e ficava sentada à beira da cama me perguntando por que eu estava daquele jeito. Eu não tinha respostas, apenas sentia, e era assim.

Nas crises de hipomania, eu era invadida por uma alegria incomensurável. Era algo que não se comparava à força e à irrealidade da mania, mas que me tirava da imensa tristeza para um universo de possibilidades. Às vezes acordava de madrugada para dançar na sala enquanto todos dormiam. Rodopiava ao som de uma música imaginária, o corpo vibrava com força e energia a uma velocidade desconcertante. Sempre quis ser bailarina, e era assim que dançava sozinha na madrugada, com plateia e aplausos apenas na imaginação. Para mim, tudo estava ali. O universo vibrava com meus músculos, e aquela dança persistia até a energia se dissipar e meu corpo pedir o descanso outra vez. Quando percebia que estava dançando numa sala vazia, sem música, sem plateia, acordava de meu delírio e voltava para a cama serena, com o sentimento de missão cumprida, sem que ninguém tivesse percebido meu desvario.

No dia seguinte, eu me erguia da cama, que na depressão mais parecia meu leito de morte, vestia um abrigo por baixo das calças para disfarçar a magreza e me olhava no espelho com o desejo de continuar, de tentar de novo. Era evidente que, com o tempo, a alegria se dissipava. Eu voltava à normalidade, mas logo em seguida as profundezas voltavam a me chamar para nosso enlace negro e quase fatal. Esse foi o ciclo que vivi durante toda a minha adolescência. Mesmo assim, fui a melhor aluna da turma no ensino médio. Nem sei como consegui. Os colegas nunca questionavam minhas ausências. Certa vez, tive de ouvir um comentário grosseiro de um professor ao ver meu atestado assinado por um psiquiatra. Na verdade eu não entendia por que tudo aquilo acontecia comigo. Conscientemente eu não percebia que tudo começara com a separação de corpos dos meus pais. Flertei com a vida e com a morte de uma forma tão intensa e involuntária que hoje em dia eu mesma me surpreendo. Eu sabia quando a depressão me chamava, o que também acontecia com a mania. Eu aceitava seus chamados. Sim, eu era um espantalho guiado por uma mente atormentada. O desgaste era enorme. Meu pai acabou me levando a um psiquiatra da empresa em que trabalhava. Comecei a tomar remédios que não trouxeram resultado e, para piorar, fui assediada por esse médico durante uma consulta. Ele de repente veio andando na minha direção, olhando nos meus olhos, me elogiando, e me deitou sobre a mesa. Eu reagi calada, sem gritar, simplesmente me livrei dele e fui embora.

Creio ter sido eu mesma a responsável pela quebra daquele ciclo de altos e baixos. Ele se encerrou quando, aos dezoito anos, num dia de inverno, olhei deprimida pela janela do quarto que dividia com minhas irmãs e vi pessoas na rua correndo atrás de seus destinos, apesar dos pesares. Pensei: eu quero isso, não aguento mais essa tristeza que me devora. Nesse momento, dei um basta a tantos sentimentos negativos e, como numa reprogramação de pensamentos, joguei-os no lixo com o intuito de viver a vida. Isso não é mais para mim. Foi então que aos dezoito anos eu disse adeus à depressão. Encerrei nossa ligação perigosa e me joguei na realidade com todas as minhas forças.

Assim, segui sem maiores crises até os 21, quando a mania me envolveu num surto faraônico. Começava um novo ciclo. Tão difícil quanto o anterior, e também intenso, mas, acima de tudo, totalmente surreal, arriscado e fantástico. A mania acabou me enclausurando na primeira internação psiquiátrica. Meu desequilíbrio assumira proporções tão devastadoras que acabei sendo medicada com doses extremamente altas. Meu corpo reagiu de forma imediata àquela quantidade de comprimidos. O estômago se revoltou com aquela dose de drogas lícitas, e jorros de um líquido amarelo que saía de minha boca sem que eu conseguisse evitar foram o resultado.

As internações me vêm à mente como um pesadelo vívido. Através da pequena janela gradeada chegava a esperança em forma de raios de sol. A cela era fria, só havia uma cama de ferro e um colchão. Nada transmitia aconchego, conforto. Tudo era punição, castigo, violência. Por mais que quisesse, não conseguia entender direito por que haviam me colocado ali naquele quadrado gélido. Compreendia um pouco, pois disse à médica palavras que certamente ela não gostou de ouvir: "Se a senhora pelo menos ouvisse seus pacientes, seria uma médica melhor". Quando a crise vinha, eu ficava sem papas na língua, e a médica que fez a triagem assim que cheguei ao sanatório já foi logo me colocando na solitária. Não tive qualquer direito à defesa. Minhas palavras atingiram em cheio a arrogância daquela mulher de cabelos curtos que me olhava com um misto de desprezo e indiferença. No início veio o desespero. Gritei até perder a voz. E exausta, num gesto mais animal que humano, defequei no chão gelado. Eu me sentia literalmente um excremento, um nada. Num ato ensandecido, esfreguei as roupas nas fezes frescas, pois só aquilo poderia justificar meu encarceramento, minha anunciada loucura. Mil perguntas sem resposta ecoavam na cabeça, que continuava a não compreender aquela violência. Foi uma noite de desespero. Me ajoelhei e rastejei pelo cubículo numa mescla de desatino e esperança. Procurei por comprimidos nas frestas entre o chão e a parede. Por incrível que pareça, eles estavam ali. Restos de outro alienado movido por uma ideia semelhante à minha. Mas não consegui engolir as pequenas bolinhas brancas. E se ainda houvesse alguma chance? Então esperei. Não há mais nada a fazer, e minhas forças se extinguiram. Só restava a vontade de viver. Ela foi meu alento até o sol tocar a pequena janela gradeada, iluminando meu rosto e minha alma. Mulheres ensandecidas presas num quarto onde a única abertura era uma janela retangular e estreita fortemente gradeada e localizada bem no alto da parede. Algumas das encarceradas se esticavam e, por vezes, subiam em camas de ferro num esforço malabarístico e desenfreado em busca de liberdade. Os gritos ecoavam entre as quatro paredes. A histeria era tanta que não havia espaço para consolo e solidariedade. Cada uma das alienadas digeria o cárcere com um nó de medo e solidão na garganta.

    Eu assistia a tudo aquilo pasma e consciente de que não havia como sair dali. A imagem me impressionava e eu tinha a impressão de que estava diante de um prenúncio do inferno. Me lembro do enfermeiro que baixou minhas calças para aplicar uma injeção dolorosa e depois me conduziu com brutalidade até esse quarto de loucas. Que direito ele tinha de me medicar sem ao menos dizer o que estava adicionando à minha corrente sanguínea? Mas eu já sabia que os procedimentos eram assim. Nessa terra de ninguém não existiam direitos, não existia respeito, o que imperava era a autoridade soberana das mentes sãs. A droga começou a fazer efeito, e acabei me deitando na beirada de uma cama de ferro sem colchão. Já tinha urinado no piso frio, uma vez que não havia banheiro no fétido quarto. Fiquei deitada, encolhida numa concha, ouvindo os gritos daquelas mulheres desesperadas. Estava tão assustada quanto elas, mas, como já conhecia um pouco o funcionamento das instituições psiquiátricas públicas, tentei permanecer quieta. O sono, ou a anestesia, veio aos poucos. As cenas de horror da realidade que me cercava se mesclavam com a instabilidade da minha mente já dopada. Permaneci nesse misto de pavor e alucinação até adormecer. Não sei quanto tempo dormi embalada nessa nau de insensatos até que alguém me tirou daquele lugar. Com certeza, um alívio, mas ainda não era a liberdade, pois o período de internação e de privações havia apenas começado e, com ele, meu aprendizado forçado sobre resignação e clausura. Minhas internações em hospitais públicos foram mais frequentes que as em hospitais privados. A diferença era considerável. Meu pai não era nenhum milionário, e as clínicas particulares eram caríssimas. Tenho plena gratidão e consciência de que ele fez tudo o que estava a seu alcance naqueles momentos difíceis.

Eu estava intoxicada pelo lítio, e tiveram de baixar a dosagem. Por um bom tempo, cheguei a pensar que talvez esses médicos nunca considerassem o poder que minha mente tinha para viajar tanto com tão poucos estímulos. Bastava imaginar e eu já estava do outro lado. Durante muitos anos, me considerei uma pessoa especial, mas a vida me mostrou que não adiantava ser assim quando se vive só.

Meu primeiro passo em direção à inclusão foi participar do grupo de usuários de lítio do Hospital das Clínicas de Porto Alegre. O assunto, direcionado por médicos, girava em torno de reconhecer o imenso valor desse remédio como um fator de saúde e reintegração social. Me revoltava o fato de os usuários serem quase apáticos. Eles não expunham as próprias capacidades, e agiam como se o lítio fosse a única e grande muleta. Eu não participei durante muito tempo do grupo, não gostava da maneira como encaravam — e faziam com que encarássemos — o uso do medicamento. A impressão que eu tinha era de que o grupo servia apenas para que aceitássemos tomar o remédio e o víssemos como a única solução para nossos problemas. Não havia discussões mais profundas, as quais, para mim, seriam muito mais válidas do que simplesmente falar sobre a importância da medicação. Aliada a isso, havia a grande dificuldade que eu tinha de engolir aqueles comprimidos — tanto pelo fato de trancarem na garganta, por eu não estar acostumada a tomar remédio, quanto pela possibilidade de ter que ingeri-los pelo resto da vida.

O efeito colateral do uso de lítio se manifesta inicialmente no tremor das mãos. E foi com as mãos já tremendo que me liberaram temporariamente da internação para que me matriculasse nas matérias da faculdade de jornalismo. A tensão era grande, primeiro por estar em liberdade condicional e, segundo, pelo reencontro com os colegas num momento tenso como a matrícula, no qual cada um quer garantir sua vaga nas disciplinas. Tânia indagou sobre meus tremores. Não lembro o que respondi. Segui naquela empreitada numa condição que todos eles desconheciam, e garanti minhas vagas para o semestre seguinte. Não é fácil aceitar uma medicação quando ela te traz tantas limitações.

No início do tratamento, depois de voltar para a casa dos meus pais, eu costumava me esquecer de tomar o remédio, mas, na maioria das vezes, minha mãe, sempre atenta, estava ali para me lembrar. Era difícil escapar. Os tremores continuavam, mas bem mais sutis do que antes. Me lembro dos almoços no restaurante universitário em que eu tinha de controlar a mão para que o garfo não fosse parar fora da boca. E também o carinho de meus colegas, que nunca comentaram nada a respeito. Mais complicado foi ter que conviver com as espinhas que começaram a surgir descontroladamente após dois anos de medicação. Eu, que sempre tive uma pele bonita, vi meu rosto se transformar aos 23 anos, e não tinha como evitar tal metamorfose. Limpezas de pele extremamente dolorosas e cremes e loções foram meus parceiros durante anos. Mas a parceria não surtiu muito efeito. Só o tempo amenizaria tais erupções, e passei a conviver com as marcas que registram em minha face o efeito dessa química absurda.

3. Mundos ideais

Quando pensamos estar indo pelo caminho certo, surge algo que nos indica novas possibilidades. Assim que comecei a cursar oceanografia, embora eu tivesse me identificado com as pessoas, percebi que aquele não era o meu universo. Vivia carregando livros de cálculo, química e física sem ter vontade de abri-los. A falta de contato com seres humanos me invadia nas aulas de laboratório em que eu decepava sapos inocentes e esponjas do mar. Aos poucos fui murchando. Após uma adolescência à sombra da alternância entre estados depressivos e hipomaníacos, meu desejo mais profundo era viver em contato com outras pessoas e, assim, poder estabelecer relacionamentos saudáveis e construtivos. Como se fosse fácil. O fato é que minha insatisfação foi se agigantando de tal forma que, ainda no primeiro semestre, abandonei o curso para tentar jornalismo na UFRGS. No período de um ano mudei as escolhas em minha vida. Mais uma vez um livro influenciou minhas decisões, *As veias abertas da América Latina*, de Eduardo Galeano. A obra fez com que eu me defrontasse com um universo que a minha ingenuidade adolescente não concebia existir. Mecanismos de poder e expropriação de um continente, ambos legitimados por um sistema indiferente à miséria social. A inquietação tomou conta de mim, e resolvi me tornar uma jornalista que pudesse investigar e denunciar toda essa barbaridade. A missão não seria nada fácil, mas sempre tive o hábito de optar pelos caminhos mais difíceis. Talvez por influência dessa sina de me imaginar uma enviada, uma justiceira ou algo parecido. Armadilhas e mais armadilhas que me imobilizariam até que eu percebesse a realidade de ser apenas um ser humano com suas limitações.

Imbuída de minha missão, levei sete anos para concluir um curso cuja duração normal é de quatro. Vitimada por crises anuais de mania e consequentes internações em clínicas ou hospitais psiquiátricos, travei uma luta hercúlea pela sanidade e pelo direito de ser livre. Apesar de tudo, nunca desisti de mim nem dos outros. A possibilidade de conviver em liberdade com as pessoas era algo que me alimentava. Estar entre amigos e dançar eram minha droga predileta. O prazer de sentir a música invadir meu corpo e movimentá-lo de forma espontânea e sensual era algo que nunca passava despercebido ao olhar de quem estivesse ao meu redor. Era comum eu abrir a pista e dançar de forma alucinada até perder o fôlego; aquilo fazia parte de um ritual mágico e sagrado para mim. No entanto, não buscava apenas a exclusividade do prazer como uma hedonista em fúria. Apesar das viagens astronômicas de minha mente insana, estava sempre tentando me reconectar com a realidade que insistia em me escapar pelos dedos. Estou certa de que a preocupação com as grandes questões sociais e a necessidade de pertencer à roda da vida foram responsáveis por minhas inúmeras aterrissagens.

Certo dia, assisti a um anúncio da Anistia Internacional na TV Educativa. A imagem mostrava pessoas num cemitério, vestidas de preto e segurando guarda-chuvas também pretos. Estavam enterrando um caixão vazio, pois a pessoa falecida era, na verdade, um livro. Aquilo tudo me comoveu. Mais uma vez minha ingenuidade foi sacudida por fatos que falavam por si. Procurei o escritório da Anistia em Porto Alegre, e foi amor à primeira vista. Cartões, bótons, livros, camisetas, bolsas, tudo a favor da luta pelos direitos de pessoas que foram presas, torturadas ou mortas apenas pelo fato de expressarem suas ideias.

Eu me sentia bem ali porque sabia que poderia ser útil. Além disso, fui recebida por Pedro, um rapaz extremamente educado e atencioso. Ele ainda me veria em crise por causa de meu distúrbio de humor, mas sua educação e seu carinho nunca se alterariam. Os voluntários da Anistia eram organizados em grupos e tinham de apoiar e defender seus próprios "prisioneiros de consciência", ou seja, pessoas que haviam sido presas por questões políticas, religiosas ou étnicas, que haviam resistido pacificamente à opressão em seus países. Me sensibilizei pela questão dos direitos humanos, que representam um instrumento para que tenhamos uma vida digna. Enviávamos cartas para vários países num período predeterminado de tempo com o fim de chegarem em grande quantidade e assim mobilizarem autoridades. Eu adorava enviar ações urgentes, pois faziam com que eu me sentisse uma cidadã do mundo, uma mensageira da paz; e me sentia bem por isso. Mesmo com o dinheiro contado, tentava colocar pelo menos uma carta por mês no correio. E assim meus sonhos de liberdade e dignidade cruzavam o Atlântico chegando a países aos quais eu jamais iria, mas que, de certa forma, sentia próximos pelo simples fato de estar defendendo pessoas tão especiais, que lutavam por seus ideais sem optar pela violência.

O prisioneiro de consciência do meu grupo era um jovem que havia desaparecido numa manifestação no México. Enviei uma carta para o jornal *El Día* expondo os fatos sobre o desaparecimento do rapaz. Pedi ajuda com a tradução para alguns colegas chilenos que estudavam comigo. Para minha surpresa, tempos depois, um colega da Anistia disse que minha carta tinha sido publicada no jornal. Fiquei feliz, mas, ao mesmo tempo, me sentia impotente pelo fato de o paradeiro daquele jovem não ter sido descoberto.

Atuei na Anistia por três anos, e saí de forma nada convencional: foi no auditório da Assembleia Legislativa do Estado do Rio Grande do Sul, durante o lançamento do livro *O cidadão de papel*, do jornalista Gilberto Dimenstein. Lá estávamos eu, os colegas da Anistia Internacional e mais centenas de pessoas envolvidas com a causa dos direitos humanos. Cabeça a mil, o distúrbio bipolar entrando com tudo na fase de mania, e eu ali, em plena liberdade, circulando entre várias pessoas. O livro de Dimenstein tratava da questão dos meninos de rua no Brasil. Era uma publicação cheia de fotos, com uma abordagem sensível e sincera. Eu levara um exemplar para ser autografado, mas meu humor incandescente não permitiu que isso acontecesse.

O jornalista começou o evento com uma palestra e, logo em seguida, abriu o microfone para perguntas. Foi então que, mais uma vez, minha loucura se tornou pública. Subi no palco, peguei o microfone e me apresentei como voluntária da Anistia Internacional. Comecei então a proferir o que provavelmente foi a fala mais delirante que alguém possa ter ouvido naquele auditório. A sensação de me ouvir assim amplificada era algo maravilhoso. Me sentia uma verdadeira mensageira divina, portadora de uma voz linda e serena. Mas o fato é que o meu discurso não soava tão especial assim para a plateia. Comecei razoavelmente bem, afirmando que a Anistia estava disposta a defender a causa dos meninos de rua. Contudo, o fato é que a ONG não atuava nessa área. Continuei solta no palco, dizendo o que me vinha à cabeça. Ninguém me interrompia. Até que comecei a acusar Dimenstein de fazer muito pouco pelos meninos de rua. Ele me olhou surpreso. Na verdade, todos os presentes ficaram perplexos com minha ousadia. Depois que desci do palco, me deixaram circular livremente pelo lugar, sem qualquer censura. Acredito que tenha escapado ilesa por estar num evento de direitos humanos, no qual as pessoas normalmente têm uma tolerância maior à diversidade de opiniões. A vergonha fez com que me afastasse da Anistia, embora a real consciência do que havia ocorrido no palco da Assembleia Legislativa só tenha vindo um tempo depois. Às vezes é preciso se retirar do cenário com o pouco de dignidade que nos resta.

Desde a adolescência eu pensava em interferir no mundo, e a espiritualidade sempre foi uma busca constante em minha vida. Nos meus primeiros cadernos de escola, já desenhava crucifixos que remetiam a minha solidariedade a um Jesus crucificado. Tudo começou a se intensificar quando eu tinha catorze anos, logo após a separação de corpos de meus pais. Comecei a participar de grupos de jovens da Igreja católica. Uma vez, visitamos um orfanato de Canoas. Minhas expectativas eram enormes. Levaríamos lanche para as crianças e uma de minhas colegas de grupo se fantasiaria de palhaço.

Fomos recepcionados por várias crianças, de diversas idades. Elas ficavam à nossa volta e as menores não escondiam seu fascínio pelo palhaço. Ficamos um tempo brincando, conversando e, se lembro bem, cantando músicas cristãs. Chegou a hora do lanche. Meninos e meninas foram acomodados numa mesa comprida sem grandes adornos. Colocamos ali tudo o que tínhamos levado e, para meu espanto, aquelas criaturinhas avançaram na comida e disputaram até o último pedaço de bolo. Assisti a tudo com surpresa e decepção. Não tínhamos percebido as reais necessidades daquelas crianças. Nós nos recompusemos do susto e ficamos mais um tempo até nos prepararmos para partir. Minha colega-palhaço tirou a maquiagem e, mais uma vez, outra ilusão se desfez. Ao perceberem tal metamorfose, algumas crianças começaram a chorar. Um mal-estar me invadiu. Surgiu em mim o questionamento sobre que direito tínhamos de quebrar a magia que o palhaço levara àquele local sombrio. Minha autocrítica foi mais longe e me perguntei como tivemos a ousadia de oferecer uma refeição de migalhas quando a fome deles era tanta.

Com o passar dos anos, fui me libertando de tantas outras culpas que surgiram, e aceitei minhas limitações. No jornalismo optei pela comunicação comunitária e alternativa. Todo o meu fascínio começou numa pesquisa que realizei em 1994 para um artigo sobre comunicação alternativa. Entrevistei várias pessoas em Porto Alegre e tive acesso a publicações sobre o assunto. Descobri experiências incríveis acontecendo na capital gaúcha e em outros estados do Brasil. Vídeos produzidos pelas próprias comunidades abordando seus sonhos, suas potencialidades, lutas e esperanças. Rádios que iam ao encontro das pessoas disponibilizando um espaço de expressão e construção da cidadania. Iniciativas a serviço da cultura, da saúde, do trabalho, enfim, da vida. Assim era o CAMP-Vídeo em Porto Alegre. Uma produtora de vídeos populares cujos clientes eram os movimentos sociais organizados.

Tomei conhecimento do projeto Entre Nós, feito para um sindicato de sapateiros. Mais de quarenta figurantes da própria comunidade participaram das gravações. Argumento, diálogos e roteiro foram discutidos pelas pessoas simples do lugar. No Rio de Janeiro, descobri a TV Maxambomba, na Baixada Fluminense. Em pleno horário nobre da televisão, dezenas de pessoas se agruparam na rua para assistir, num telão, a uma programação que incluía os personagens, os problemas e os anseios do bairro. Com o fim de explorar ainda mais a participação do público, também foram criadas a Rádio Maxambomba e a Câmera Aberta. A primeira entrou em ação assim que o telão se apagou, entrevistando o público sobre o que tinha acabado de assistir e abrindo um canal de divulgação dos acontecimentos locais. A Câmera Aberta gravava e transmitia ao vivo no telão a opinião dos moradores sobre um tema específico.

Agora o cenário mudou de figura. Estava na região metropolitana de Recife. Unidades móveis se locomoviam de um bairro para outro. Telões foram armados em praças, ruas e largos. Esta era a TV Viva, que, utilizando uma linguagem bem-humorada, trata de temas polêmicos. Foi considerada, na época, a melhor produtora de vídeo alternativo do Nordeste. Em Belo Horizonte, ouvi falar do projeto Sala de Espera. Em vez de velhas revistas para ler, pessoas aguardavam por atendimento médico em uma sala de espera assistindo a vídeos produzidos mensalmente num esquema de parceria entre alunos, professores da universidade, funcionários da prefeitura, comissões de saúde e moradores da região.

De novo em Porto Alegre, conheci a Rádio-Poste Atividade na Vila Mapa. O objetivo era bem maior que apenas um espaço que oferecia oportunidade para as pessoas falarem. A desmistificação dos meios de comunicação era alcançada quando o morador se familiarizava com o microfone e resgatava, assim, parte de sua cidadania. Fiquei sabendo também de um projeto interessantíssimo em São Paulo. Era o Reconstrução, que tem a ideia incrível de criar uma vídeo-rede num bairro elevado à categoria de município há menos de um ano. Participava do projeto um grupo de trabalhadores que conseguiu um terreno para construir suas casas em sistema de mutirão. O processo todo era muito simples e barato. Tendo acesso ao equipamento de vídeo e à edição, o passo seguinte era aumentar o quarteirão e fazer uma TV a cabo em VHS. Eram cabos de muro para muro, e a cada cinquenta metros havia um amplificador de sinal para não perder a qualidade da imagem no televisor da última casa. Por mais de dez anos acreditei na busca por alternativas à comunicação de massa. Meu grande erro foi acreditar que as demais pessoas envolvidas teriam os mesmos objetivos que eu.

Ainda não sei se era a minha bipolaridade que me fazia viajar por mundos ideais ou se minha ingenuidade foi a responsável pela ilusão de achar que as coisas seriam fáceis e perfeitas. Por mais que encontrasse oportunistas que só visavam ao poder e à autopromoção, teimava em acreditar que era possível o sonho de uma comunicação que respeitasse a cultura de cada um, valorizando a criatividade numa visão humanista. Meu alimento eram os adolescentes em situação de risco ou aqueles que viviam na periferia. Eles também acreditavam, tinham o brilho da esperança no olhar. Eram como uma constelação para mim, e eu os amava sem duvidar da dignidade que habitava aqueles jovens corpos impulsionados para o futuro.

Na dança, no grafite, na voz e na escrita estava um potencial tantas vezes usurpado pelos oportunistas, mas eles persistiam e eu também. Junto a eles voei sobre a desesperança e a tristeza, alcançando a mim mesma, ao meu valor como pessoa. À medida que me valorizava, sonhava mais e mais com um mundo onde a comunicação já houvesse se tornado uma vocação humana. Foi assim que a vida me colocou frente a frente com Pablo Vidreiro, um jornalista carioca de uma generosidade rara. Trabalhava com vídeo e rádios comunitárias no Rio de Janeiro. Mantivemos contato por e-mail por algum tempo e até surgiu o convite para uma visita a um projeto na favela da Rocinha. De repente, os e-mails que eu lhe enviava começaram a voltar. Intrigada, liguei para seu trabalho e soube que havia falecido escalando uma rocha. Era assim que pessoas maravilhosas escapavam por entre meus dedos e eu continuava minha sina de ter que me esquivar entre as cobras peçonhentas que infestavam e que ainda infestam a comunicação alternativa e comunitária.

4. Cavalo de fogo

É difícil explicar a sensação que se tem ao sair de um hospício após longos meses de internação. Várias vezes me senti nascendo de novo. Acredito que dez internações representam um número considerável de cortes em uma vida. Comigo foi assim: dez. No começo não dá para acreditar que a clausura esteja se instalando, mas então a ficha cai e surge o entendimento de que não há como fugir. Após dias e mais dias confinada ingerindo toneladas de medicamentos, voltar ao mundo exterior representa uma sensação ambígua e, muitas vezes, assustadora. Ao receber alta, um pouco daquela quantidade exorbitante de remédios é retirado, e o organismo reage. Tremores, suor frio, insônia, sensações nada agradáveis, mas condizentes com alguém que se sente literalmente um estranho no ninho.

A rotina do hospital também fica impregnada, o corpo acostuma tanto que desconhece o próprio lar. Minha família sempre me acolheu com carinho e respeito após as internações. Sempre atentos, me deixavam quietinha, assim a rotina se restabelecia sem muitos sobressaltos. Aos poucos eu me reinseria no mundo. Minha mãe sempre pedia para eu realizar tarefas simples, como secar uma louça, por exemplo. Ela ia devagar e com muito cuidado. Com o tempo, a angústia se dissipava e passava a sentir um prazer imenso apenas diante do fato de poder circular pelas ruas, pelos ônibus, pelos restaurantes, pela universidade. A vida real não tem preço.

Os dias de internação, no entanto, sempre deixaram suas marcas. Reconstruir a vida a cada ano não era uma tarefa fácil, mas persisti, internação após internação. E sempre busquei algum aprendizado dentro disso tudo. Aprendi, acima de qualquer coisa, o meu valor como pessoa, a minha capacidade de ressurgir, de nunca desistir de mim mesma. Era normal que às vezes eu fraquejasse. O bipolar mergulha no subterrâneo, e o amor-próprio e a consciência de que acima de tudo o sol brilha são suas forças.

É difícil acreditar que um bipolar tenha um discernimento mais elaborado sobre a realidade, mas às vezes eles de fato têm. Após anos de análise, cheguei à conclusão de que meu distúrbio afetivo foi desencadeado pela separação de corpos dos meus pais. Eles não brigaram. Foi uma separação silenciosa e fria como um enorme bloco de gelo. Talvez o diálogo pudesse ter evitado o doloroso desfecho. O leito que deveria representar a união se tornou um campo de batalha, e o desamor entre os dois causou em mim uma espécie de sentimento de rejeição. Quando meus pais se separaram, fiquei um ano sem estudar. O medo de tirar notas ruins e, assim, não ser mais amada fazia com que eu não conseguisse entender absolutamente nada das matérias na escola. O pânico era total, desesperador, a ponto de paralisar justamente a mim, que sempre apresentara um bom desempenho escolar.

No ano seguinte, meus pais me transferiram para uma escola particular. Era bom. Meus colegas não me diferenciavam por eu tirar as melhores notas, como acontecia na escola pública, e eu já não me esforçava tanto para isso. As pessoas da minha casa pareciam não entender o que estava acontecendo. Minhas irmãs seguiram suas vidas, mas eu fiquei paralisada. Às vezes tinha a sensação de ser a lembrança viva do que não dera certo em nossa família. Hoje sei que fui uma espécie de antena parabólica que captou toda aquela crise familiar, que me atingiu como um raio fatal, sem a mínima piedade. No entanto, a vida me ensinou a compreender e a perdoar meus pais pelo mal que o fim de seu relacionamento me causou. Esse era o segredo para que eu tivesse superado o sofrimento. Como isso não aconteceu, assumi a responsabilidade pela tristeza e pela alegria em minha vida. Descobri que este, na verdade, seria o melhor e mais vitorioso caminho, pois não dependeria da boa vontade alheia, e sim de mim mesma, para construir minha própria felicidade.

Esse processo de aprendizado foi acontecendo aos poucos e eu me fortalecia a cada etapa vivida. Aprendi muito nas conversas com os vários psiquiatras com quem me consultei. Um deles me fez entender que as famílias nem sempre estão preparadas para lidar com alguém com transtorno bipolar. Foi assim que consegui perdoar minhas irmãs, que, quase sempre, se mantiveram distantes em relação ao meu desequilíbrio emocional. Certa vez, meu médico organizou uma reunião entre mim, elas e minha mãe. Ao questioná-las sobre a compreensão que tinham do que acontecia comigo, elas simplesmente afirmaram não entender o que se passava. Nesse dia, mais do que nunca, soube que minha jornada seria praticamente solitária. Aquilo me incomodou um pouco, mas não me assustou. Eu estava disposta a lutar por mim. Em vez de me considerar louca, sempre me vi como uma pessoa especial — e essa foi a carta na manga que me fez dar a volta por cima apesar das inúmeras internações. Desisti das comparações, de tentar ser normal, de ser o que os outros esperavam que eu fosse. Busquei a simplicidade e a autenticidade sem me deixar levar por padrões. Eu já estava mesmo fora do padrão. Agora era seguir em frente e alimentar meu amor-próprio a cada dia, mesmo quando a depressão ou a mania desviavam meu caminho.

Certo dia, resolvi cortar os cabelos bem curtos, tipo Sinéad O'Connor. A mudança de visual tinha um significado muito singular. Era como se algo grande estivesse para acontecer. O que, de certa forma, acabou se mostrando verdadeiro. De frente para o espelho, tesoura na mão, cortei meus fios de cabelo até que ficassem rentes ao couro cabeludo. Foi assim que segui para Rio Grande para ver meus amigos da oceanografia. Eu já estava cursando jornalismo, mas os constantes retornos a minha praia eram uma forma de reabastecer as energias junto ao mar e aos colegas tão queridos. Todos comentaram meu novo corte e, é claro, a química de meu cérebro recebeu isso como um sinal verde para uma disparada que tinha como destino certo a insanidade. Eu usava uma camiseta rosa com fotos de rabos de baleias em azul. Assim prossegui sob a proteção de minha armadura e de meu elmo simbólicos em mais uma investida cega ao fantástico. Minha *via crucis*, cujo destino final foi mais uma internação num hospital psiquiátrico, começou com uma breve escala na casa do Gil, um colega que sempre foi a fim de mim. No entanto, o contexto havia mudado. Ele estava namorando, e não foi tão bom anfitrião como nas vezes anteriores. Anoiteceu, e eu fiquei a esmo, sem dinheiro sequer para uma passagem de ônibus. Me lembro de vagar por uma rua de areia pouco movimentada e de ver um carro se aproximar. Pedi carona, ou melhor, me atirei diante do pequeno fusca. A porta se abriu e revelou o interior escuro e a silhueta de um homem jovem. Entrei, já imaginando ser o fusquinha de uns amigos da oceanografia, mas não era. Totalmente sem rumo definido, segui junto àquele homem que nem conhecia. Ele imaginava saber quais eram minhas intenções. A sensualidade multiplicada por mil pelo surto psicótico não significava, necessariamente, sexo. Alheia às intenções dele, fui me deixando levar até que estacionamos à beira-mar, na escuridão e no isolamento. Só então percebi seu membro ereto, e o desespero me dominou. Tentei me esquivar, mas ele era forte. Resisti, até que consegui abrir a porta. Saí, pedi socorro e, por uma força do destino, ali perto havia uma viatura da polícia. Na verdade, eles tinham nos seguido por terem achado o carro suspeito. Me tiraram dali e depois me liberaram. O homem, assim como surgiu, desapareceu por completo. De minha parte, prossegui no meu delírio psicótico, numa vertigem que parecia não ter fim. Passei dias e noites vagando pelas ruas do balneário. Perdia a noção de tempo à medida que a mania avançava e alcançava níveis estratosféricos. A imaginação completamente alterada fez com que eu começasse a me perceber como morta. Era como se eu saísse de meu corpo e o observasse de fora, numa espécie de projeção da minha consciência. De certa forma, já me tornara um tipo de zumbi, pois não sabia mais o que era comer e dormir. Por um momento, a sensação de não estar viva fez com que me jogasse no chão na expectativa de que alguém viesse resgatar meu suposto cadáver. Protegida pelo elmo de cabeça raspada e pela armadura da camiseta larga com os rabos de baleia, em plena noite, permaneci imóvel até alguém se aproximar. De repente, senti mãos me apalparem na cintura, nos seios, como se quisessem decifrar se eu era um homem ou uma mulher. A magreza e o estilo Sinéad O'Connor confundiam, principalmente à noite. Carregaram meu corpo inerte até uma barraca e ali me deixaram por um tempo. Imaginei ser meu túmulo. Finalmente havia encontrado um descanso. No entanto, fui levada à polícia e, mais uma vez, liberada. Então desisti da ideia de ser um defunto e procurei um posto de saúde. Estava louca de fome. Não sei como, mas me ofereceram um prato feito, que devorei em minutos: ovo frito, arroz, feijão e bife. Simplesmente delicioso. Energia renovada, segui jornada, e minha imaginação se superava a cada passo. Cheguei a uma região pouco habitada, formada por campos onde animais pastavam. Eu me aproximei de uma cerca e imaginei que, quando a ultrapassasse, assumiria a forma de um cavalo. Minha mente inquieta realmente acreditava nisso. Observei minha futura família pastando enquanto refletia sobre que decisão tomar: atravessar a cerca ou não. Contemplei o horizonte. Refleti. Dentro do meu delírio, era uma decisão séria e importante. Mas prevaleceu a sanidade e o desejo de rever as pessoas amadas, aquilo já havia me levado à exaustão. Decidida a não ser mais um cavalo, embora já fosse um — e um cavalo de fogo, no horóscopo chinês —, busquei alguém que me tirasse daquele pesadelo. Já não tinha mais forças. O surto de mania trouxera todo o cansaço, toda a fome e todo o esgotamento físico e psicológico que meu corpo podia suportar. Então me joguei à beira da estrada de asfalto num pedido desesperado por ajuda. Os carros passavam e eu aguardava imóvel a poucos centímetros da pista, como se estivesse desacordada, mas no fundo eu rezava, rezava muito. Um carro finalmente parou, e fiquei aliviada. Senti alguém caminhar ao meu redor e depois ir embora. Lamentei muito aquele afastamento, mas continuei rezando. Alguns minutos depois, outro carro parou. Era novamente a polícia. O policial fez a volta em torno de mim e me agarrou em seus braços. Finalmente alguém me libertou daquele ciclo de insensatez. Eu não poderia ter feito isso sozinha. Estava outra vez no posto de saúde, onde já havia alguns parentes procurando por mim. Foi tão bom revê-los. Pena que me encontraram naquelas condições. Segui de ambulância para um hospital geral. Recordo minha querida tia Giulia sempre segurando minha mão. Radiografaram meu crânio, mas minha fratura era na alma. Fui mais uma vez internada num hospital psiquiátrico. Três meses de clausura até conquistar novamente o direito de viver em liberdade.

Mergulhei na piscina. Ela era pequena e estreita, mas isso não diminuiu o prazer que senti ao entrar em contato com a água num verão de temperaturas elevadas em Porto Alegre. A sensação era de estar mergulhada num oceano sem gravidade. Meu corpo flutuava e os movimentos suaves traziam aconchego e um lampejo de liberdade. Eu usava um maiô preto que pertencia a Manuela, uma moça jovem e bonita que estava internada comigo, e que acredito também ser bipolar. Ela tinha a mania de fazer contas de cabeça, sempre à procura de um número perfeito. Práticas que, para mim, não eram desconhecidas. Eu também buscava o número perfeito, inspirada na leitura do Apocalipse, que tanto estudei na juventude enquanto buscava o rosto de Deus nas nuvens.

Manuela me fazia lembrar os momentos de crise em que ficava somando números na esperança de que o resultado fosse três, representando a Santíssima Trindade, ou sete, o número divino. Qualquer número diferente era o prenúncio de que coisas não muito boas poderiam ocorrer, o que se tornava um martírio, porque me levava a um círculo vicioso de tensão e expectativas ruins. É claro que isso não representava algo real, mas, para uma mente inquieta, na qual o delírio impera, a lógica não tem grande importância. Eu entendia o que Manuela sentia e, de certa forma, me solidarizava com ela; estávamos no mesmo barco, ou seja, internadas naquela clínica psiquiátrica privada. Ali o tratamento oferecia condições mais dignas, e ficar confinada por certo período não parecia algo tão autoritário e ultrajante como nos hospitais públicos.

Com livre acesso ao pátio, eu me deliciava na piscina e circulava sem me importar com limites de horário. Passava muito tempo sentada sobre um imenso tronco de árvore caído, um segredo que ninguém descobrira. Aquela árvore morta assumia para mim a identidade de uma grande baleia assassinada. Um imenso mamífero imaginário que no meu delírio representava a degradação da natureza e a consequente ganância humana.

Imersa na minha viagem, estabelecia diálogos filosóficos com aquela criatura gigantesca e terna que permitia a minha presença sobre seu cadáver. Uma sensação de paz me invadia enquanto trocávamos confidências sobre o sentido da vida e a importância de encontrarmos o equilíbrio e a paz. O tempo foi passando, e com ele meu estado de mania, e comecei a não conseguir mais conversar com minha amiga baleia. De qualquer forma, ela ouviu meus desatinos sem protestar e me livrou da loucura, pois qualquer forma de troca é o avesso da solidão.

Também me lembro das amoras gigantes que mais pareciam pequenos cachos de uva. Até hoje não encontrei outros exemplares nas mesmas proporções. Em meu universo mágico, elas representavam um éden de fartura. Eu comia alucinadamente, extasiada por imaginar que nunca chegariam ao fim. Recebi alta antes que as frutas secassem, e isso fez com que, para mim, parecessem eternas. Era bom poder acordar e ir dormir a hora em que eu bem entendesse, assim como circular entre os quartos e conhecer outras pessoas. Havia um rapaz bonito, de pele bem branca, cabelos negros cacheados e olhos azuis intensos. Estava internado por causa do vício em cocaína. Era um cara muito talentoso, que desenhava coisas fantásticas. Havia outro meio gordinho de pele clara que também fazia desenhos interessantes. Ele desenhou um galo de penas multicoloridas e volumosas. A expressividade da sua arte era algo praticamente impossível de não ser percebido.

Um dia, quando estava sobre minha amiga baleia, vi esse artista atravessar o pátio numa corrida desatinada e pular o muro rumo à liberdade. Nunca cogitei uma fuga, nem mesmo dos sanatórios, pois estar presa me trazia uma sensação de impotência.

As visitas representavam um sopro de vida. Minha mãe me visitava todos os dias, mesmo sob o sol escaldante e sem conhecer direito Porto Alegre. Ela era uma bênção que me enchia de esperança e me trazia a certeza de que alguém me esperava do lado de fora e, mais que tudo, torcia por mim. Me lembro, um pouco depois, de estar no apartamento de minha tia Giulia, deitada no sofá em posição fetal, a cabeça repousando no colo de minha mãe. Lá estava eu, recém-saída de uma internação, trêmula e ansiosa por não conseguir dormir. Essa mulher especial segurava minha mão por horas, até eu me acalmar, numa demonstração de carinho e solidariedade extremos.

Minha mãe sempre será um presente de Deus. Ali, naquela clínica, era meu elo com um mundo exterior que ela me fazia imaginar repleto de oportunidades. Meu mundinho no hospital também possuía outros focos de luz menos intensos, mas nem por isso insignificantes. Minhas amigas Paula, Aline e Vanda, assim como minhas irmãs e meu tio Valdo, traziam um pouco da liberdade em seus olhares. Jorge, meu amigo da casa do estudante, ficava deslumbrado com o luxo do lugar. Meu médico vinha me ver todos os dias. Sua presença era bem-vinda e seu sorriso aberto sempre trazia um pouco de paz. Mesmo assim, logo no início da internação, fui amarrada numa maca. Não lembro mais por quê. Os enfermeiros te imobilizam, a injeção te dopa, as amarras te prendem e só resta aguardar em silêncio pela generosidade de alguma mão que talvez te liberte da paralisia.

Minha habilidade de retornar à vida após as internações era incrível. Desistir da realidade e depois tentar recuperá-la outra vez era algo que às vezes parecia inconcebível. Ressurgir sempre foi minha motivação principal, então sempre retomava minhas atividades como se nada tivesse acontecido. Apesar do meu jeito meio desligado, como se vivesse no mundo da lua, sempre abracei meus sonhos de forma entusiástica, ao ponto de as pessoas nem perceberem meu distúrbio de humor. Eu sofria no anonimato, somente eu sabia da minha dor. Ela não era acessível, palpável, visível aos mais desatentos. Isso tinha o seu lado bom e o seu lado ruim. O lado bom era poder circular no mundo; o ruim, não poder receber um colo, um carinho, um olhar misericordioso. Eu era igual aos outros, sem privilégios, mas às vezes eu queria algum apoio, por menor que fosse.

Meus pais, de certa forma, me protegeram do mundo. Meu pai bancava meus sonhos de eterna voluntária em movimentos sociais e minha mãe me poupava de assuntos que considerava traumáticos. Não acredito que minhas irmãs aprovassem essa proteção. Trabalhar mesmo, só comecei aos trinta e tantos anos de idade. Mas sempre estudei e participei de atividades que me mantinham viva no mundo. Embora nem sempre houvesse retorno financeiro, e por isso nem todos aprovassem minhas escolhas, ser útil me trazia uma sensação incrível. Muitos já me encararam como uma pobretona sem perspectivas, mas as inúmeras experiências engrandecedoras que tive valem mais que qualquer salário. Minha família observava de longe. Eu era livre para me mover no mundo, mas até hoje não sei o que exatamente pensavam de mim. Talvez não soubessem o que pensar sobre aquele ser tão sensível. Nunca me chamaram de louca, pelo menos não na minha frente. Assim, eu vivia numa espécie de solidão acompanhada, na qual eu tomava as decisões sem saber se estava indo pelo caminho certo ou o que pensavam de mim. Eu era uma estranha no ninho, mas estava solta. Não tinha plena consciência de onde estava, para onde ia ou o que queriam que eu fosse. E foi nesse terreno repleto de possibilidades que me descobri entre tantos surtos e retornos à realidade. Na sua bondade e ignorância, por muito tempo minha família achou que a solução para meu distúrbio viria com as internações. Foi um caminho difícil, mas hoje tenho uma história para contar.

5. Toda de *black*

Um artista de rua abre os braços travestidos em enormes asas brancas. Um gesto que permanece até hoje na minha memória. Estava em Paris com minha irmã mais velha, graças às passagens com desconto que meu pai, funcionário de uma companhia aérea, conseguia para nossa família. Foi uma vitória atravessar o oceano Atlântico e não surtar. De certa forma, minha família sempre apostou em mim, na minha capacidade de ousar, e sempre serei grata por isso.

Minha irmã e eu não conversávamos muito. Acho que ela não ficava muito feliz com minha companhia, e então procurava ficar na dela. Circulamos durante uma semana por vários pontos turísticos daquela cidade maravilhosa. Todos me impressionaram. No entanto, a performance daquele homem que se apresentava nas imediações da basílica de Sacré-Coeur ficou gravada em detalhes na minha alma. O bairro era Montmartre, berço da boemia, no passado frequentado por artistas como Degas, Cézanne, Monet, Van Gogh, Renoir e Toulouse-Lautrec. A energia libertária desses homens mágicos ainda pulsava nas ruas e ladeiras daquele lugar. Minha irmã e eu estávamos andando por aquele território encantado quando um som estranho chamou nossa atenção. Não conseguíamos identificar o que era, então o seguimos para desvendar sua origem. Nos deparamos com um homem que vestia uma armadura negra assustadora. Ele estava sobre um pequeno palco. Em suas mãos, segurava correntes e as movia a uma velocidade alucinante, e elas emitiam aquele ruído que tanto nos instigara. Um barulho muito forte e rítmico, hipnotizante. Era impossível não se sentir atraída por tudo aquilo, mesmo que provocasse medo. O artista girava as correntes de forma vigorosa. De repente, ele se recolheu para dentro do pequeno palco. A expectativa da plateia era grande. E, então, ele ressurgiu com vestes brancas e uma máscara também branca, terna e suave, e, num instante de pura magia, abriu os braços transformados em lindas e enormes asas alvas como a neve. Ele as agitou com movimentos suaves num enlevo de paz e serenidade. Era como se abrisse as asas sobre mim num abraço de vida e liberdade. Naquele exato momento, me transportei num voo para um lugar leve e repleto de esperança. As moedas que coloquei em seu chapéu ao chão eram poucas se comparadas ao que ele havia me dado em troca.

Minha segunda grande viagem seria ainda mais desafiadora, mas, quando soube que a faria, acho que passei pelo menos uma semana com um sorriso de orelha a orelha. Afinal de contas, tinha meus motivos, e era mais que merecido comemorar. Havia conseguido um estágio num projeto de preservação da vida marinha, no Espírito Santo, e aquilo não era pouca coisa para uma ex-estudante de oceanografia. Realizaria meu trabalho de conclusão da faculdade na área que sempre amei e, assim, iria materializar um sonho. Os temas comunicação interpessoal e educação ambiental me encantavam, como também a antropologia, na qual me aprofundava para saber como lidar com a comunidade de pescadores. Na mala, levei caixas e mais caixas de Lexotan e de carbonato de lítio, que pendurava na parede do alojamento, deixando meu distúrbio evidente. Para mim era uma prova de fogo, uma vez que surtar no verão, e quase sempre à beira-mar, era minha sina. Mas me joguei de corpo e alma.

Dessa vez, eu estaria bem longe de casa e contando apenas comigo mesma. Sair do sul do país em direção ao norte era algo considerável para uma bipolar diagnosticada como um caso de grande complexidade. Meu psiquiatra me liberou para a viagem, mas com certas recomendações: tomar os remédios religiosamente, dormir e me alimentar bem, e ligar de forma impreterível nos dias combinados. Segui suas orientações à risca, pois nada me faria perder aquela oportunidade. Nada.

Fiquei conhecida na vila de pescadores como a moça da mochila vermelha, na qual eu carregava meu gravador, fitas e, obviamente, as pílulas responsáveis pela minha sanidade. Imbuída de uma vontade sincera e ingênua de mudar o mundo, encontrei portas humildes que se abriram para mim. Em cada casa por que passei, me deparei com o relato de um morador local que teve um passado de fartura e que, no presente, se mostrava abandonado. O saudosismo por uma natureza exuberante era marca constante no discurso dos mais velhos. Ao mesmo tempo, os jovens temiam o desemprego. Apesar das limitações enfrentadas pela comunidade, aquele lugar foi uma experiência mágica e inesquecível. Admirar a grande baleia esguichando água salgada a poucos metros da costa, acariciar a pequenina raposa mansa e desfrutar do brilho da lua cheia em toda a sua plenitude foram lembranças que ficaram. Impossível esquecer os forrós de sábado à noite, único momento em que calçava meus pés já tão acostumados à liberdade nas ruas de areia. O calor e o suor apimentavam o salão e o enchiam de energia, e a noite transcorria como se o tempo não passasse. Também foi numa noite de lua cheia que uma colega bióloga e eu fomos recebidas pelo abraço de dezenas de crianças descalças e lindas. A pureza de seus olhos e o carinho daquele gesto quase fizeram com que eu partisse para outra dimensão. Eu tinha certeza de que estava cercada por anjos. Eu poderia ter surtado, mas não mergulhei de cabeça em mais uma viagem porque tinha um objetivo muito claro: tinha realizado um sonho conquistado pela esperança e persistência. Eu estava com 27 anos e decidira abrir mão da fantasia em nome da realidade, uma das melhores escolhas que fiz. Mas outras crises de mania viriam e minha sina me perseguiria ainda por um bom tempo, sem a mínima intenção de cessar.

Me lembro de um dia de sol e chuva. Do alto do sétimo andar, eu agradecia a Deus por aqueles pingos dourados e por estar ali, naquele apartamento. Era pequeno, praticamente sem mobília, mas, para uma bipolar, morar sozinha no centro de Porto Alegre já era uma conquista. Era o ano 2000, eu tinha 33 anos e me virava com menos de um salário mínimo por mês e uma pequena ajuda de meu pai, que se aposentara e estava morando em Pelotas. No meu ponto de vista, tudo estava correndo bem. O contentamento com coisas simples era uma característica minha, pois a busca por um sonho coletivo sempre fora mais importante que a questão financeira. Tomada por esse ideal, trabalhei num projeto de comunicação comunitária com jovens em situação de risco numa região bem pobre da capital. Cada um deles tinha uma história de vida violenta. Eu os amava cada vez mais. Eles tinham fortes motivos para se rebelar, mas estavam ali na busca frenética por uma oportunidade. De certa forma, eu também.

    Minha existência seguia modesta e feliz até que um certo Josué cruzou meu caminho. Era um ex-colega de faculdade, um homem mais velho, sedutor, inteligente, forte e de caráter hermético. É claro que eu só desvendaria esse mistério depois, embora sempre tivesse o pressentimento de adentrar um território perigoso. Na primeira vez em que fui a sua casa, ele vestia um macacão camuflado e parecia furioso. O combinado era que iríamos jantar, mas ele acabou me oferecendo a contragosto uma panela com restos de comida. Sem entender nada, eu comi. Depois, começamos a conversar. O tal Josué me olhava de forma agressiva e alucinada. Parecia me odiar, e eu nem sabia o motivo; afinal, *ele* me convidara para um jantar. Interessante foi sua reação quando disse já ter sido internada. Suas órbitas saltaram e, então, ele simplesmente disse que as pessoas são o que são. Fiquei surpresa com sua capacidade de compreensão. Ledo engano. De repente ele veio ao meu encontro, se despiu e começou a esfregar seu genital no meu rosto. Era tudo tão absurdo e desagradável que eu não soube como reagir. Ele percebeu meu desconforto e assumiu uma atitude um pouco mais gentil. Fomos para a cama, onde começamos um ritual de intimidade que se estendeu até o amanhecer. Fiquei extremamente esgotada e dei graças quando tudo pareceu chegar ao fim, mas ele continuou a me agarrar e a introduzir sem parar os dedos na minha vagina. Esse homem não pode regular muito bem, pensei. Josué me acompanhou até o ponto de ônibus e ficou me rondando como se estivesse ao redor de uma cadela no cio. Tudo na frente de outras pessoas. Não sabia muito bem o que pensar. Mesmo assim, eu ainda esperava que ele fosse o meu primeiro namorado.

O meu histórico de bipolaridade tinha abalado um pouco minha autoestima, e, agora que eu morava sozinha e trabalhava, me sentia mais segura. Só depois do fim de nosso relacionamento, percebi que eu não passava de mera diversão para ele. Além disso, me dei conta, numa conversa com uma ex-professora de faculdade, da possibilidade de ele também ter sido internado, pois às vezes demonstrava um comportamento agressivo e se afastava do curso por determinados períodos. Isso poderia explicar o fato de ele conhecer tão bem termos médicos relacionados à psiquiatria e de ter tido um relacionamento com uma mulher que trabalhava num hospital psiquiátrico. A questão foi que me joguei inteira numa espécie de precipício, e a história com esse homem representou uma das piores escolhas da minha vida.

Mantivemos um relacionamento de altos e baixos pelo período de um ano. A situação piorou quando descobri que ele tinha outra mulher, mas a paixão era tanta que me iludi com a possibilidade de ganhar a disputa. Certa noite, na cama, ele me abraçou e me chamou de "meu amor". Não acreditei que aquelas palavras pudessem ser para mim, mas tudo começou a ser destruído num redemoinho de paixão e loucura. Numa noite Josué abriu a porta do apartamento e me indicou o caminho da rua. Minha cabeça começou a girar, os pensamentos a mil como se nada fizesse sentido. A partir daí entrei novamente num surto de grandes proporções. Decidi cortar novamente o cabelo, que estava longo e ondulado. Segurei decidida a tesoura e deixei apenas uma mecha caindo sobre o olho esquerdo. Cheguei a me arrepender quando vi os cachos brilhantes no chão do meu pequeno apartamento, mas já era tarde; a loucura começara e não tinha mais volta. Logo após cortar os cabelos, saí para a rua vestida de negro, com a sensação de que aquela roupa assustaria qualquer ser vivo que cruzasse meu caminho. Imersa nesse sentimento, desafiei semáforos, carros e pessoas apenas com um olhar que, para mim, parecia gelado, mas que na verdade representava uma absurda solidão. Meu intuito era chocar. A revolta se instalara em mim e eu não estava mais aí para ninguém, absolutamente ninguém, nem eu mesma. A cada supermercado por qual passava, abastecia minha fúria com uma garrafa de vinho tinto seco. Era o combustível que me impulsionava para mais um desatinado itinerário cujos maus presságios se mostraram bastante reais.

Meu primeiro destino foi uma festa no cais do porto de Porto Alegre. Ali, encontrei uma colega do grupo das rádios comunitárias que não disfarçou o espanto diante do meu visual. Meu comportamento também mudara, me sentia poderosa, mais determinada do que o comum. Na minha loucura, aquela roupa escura realmente simbolizava uma overdose de segurança e energia. No dia seguinte, peguei um ônibus e segui para a Vila Cruzeiro, um lugar pobre marcado pela violência e pelo tráfico de drogas numa região alta da capital. Ali, eu ministrava um curso de comunicação popular para um grupo de jovens em situação de risco. Minha visita foi rápida. Jogamos vôlei, eu toda de *black*, cabelos curtos e óculos escuros, eles surpresos com minha aparência e atitudes, mas sem fazer perguntas. Era minha despedida do projeto após três meses de envolvimento e paixão. Fiquei junto deles o tempo que pude até que o fato de não saber diagramar no computador me afastou de tudo. Meu sentimento por aqueles jovens era de verdadeiro amor e dedicação. De antemão, fui informada sobre suas histórias de vida: violência na família, drogas, prisão, tentativa de homicídio. Eu gostava muito de estar com eles. O tempo em que convivemos foi mágico e exigiu muita empatia para me colocar no lugar daqueles jovens e, assim, tentar entender a forma como viam o mundo. A recordação mais tocante foi quando levei uma radiopeça feita por mim para uma disciplina ainda nos tempos da faculdade. Pedi que escutassem e escrevessem sobre suas próprias experiências. Essa atividade simples se transformou num momento inesquecível. A peça falava de um homem comum que procura um psiquiatra para desabafar. No final, ele sai do consultório e nunca mais volta. O médico conclui que aquele cliente era uma pessoa comum e, como tal, sempre à beira do abismo criado pelas convenções sociais. Escolho a música "The Logical Song", do Supertramp, como trilha sonora e escrevo a tradução no quadro para que eles entendam:

Quando eu era jovem
Parecia que a vida era tão maravilhosa
Um milagre
Ah, era linda, mágica

E todos os pássaros nas árvores
Cantavam tão felizes
Ah, alegres, brincalhões, me observando

Mas depois me mandaram embora
Para me ensinar a ser sensato
Lógico
Ah, responsável, prático

E me mostraram um mundo
Onde eu poderia ser tão dependente
Ah, doentio
Ah, intelectual, cínico

> [...]
> À noite, quando o mundo inteiro dorme,
> As questões seguem tão profundas
> Para um homem tão simples
> Por favor, me diga o que aprendemos
> Eu sei que soa absurdo
> Mas, por favor, me diga quem eu sou.

Rose escreveu sobre o pai alcoólatra que batia na mãe e que ela mesma havia expulsado de casa. Edite, sobre a irmã homossexual de quem gostava muito e a quem, acima de tudo, admirava pela coragem de assumir sua orientação sexual. Ronaldo confessou levar uma vida tediosa, só em função de escola, casa e outras coisas sem graça. Cris falou do pai que abandonou a família quando ela era ainda bem jovem e que, por isso, sempre teve de batalhar muito pelas coisas. Pedro, que foi interno numa instituição para jovens infratores, teve dificuldade para escrever, e Cláudia, que tentou esfaquear o próprio pai, ficou rindo da minha iniciativa, mas depois pediu a fita emprestada para escutar em casa. E foi assim que deixei aquele grupo de jovens. Vestida de negro e com o coração partido.

O lugar foi ficando para trás, e segui para meu pequeno apartamento no quarteirão da Casa de Cultura Mário Quintana, refúgio que viria a se tornar uma armadilha atroz e de onde minha alma sairia ferida a ponto de me privar da alegria pelos intermináveis quatro anos subsequentes. Mas até então eu não tinha a mínima ideia do que me esperava. Eu me despi das vestes fúnebres e iniciei outra viagem na qual a sexualidade contida brotava de uma forma ingênua e incompreendida. Meu novo adorno era agora um sutiã branco em forma de taça, uma saia verde clara muito leve, desfiada em vários bicos irregulares, e um par de sapatos negros de saltos relativamente altos e grossos como os de flamenco. Envolta nessa atmosfera contraditória — pura e, ao mesmo tempo, de louca sensualidade —, invadi o prédio do Gasômetro, centro cultural de Porto Alegre, sem a mínima noção de limites. O som de meus saltos nas lajotas do prédio me levou para uma dimensão em que me transfigurava numa mulher linda e desejada. Nada me convenceria do contrário. Foi me sentindo assim que entrei numa sala onde um grupo de homens e mulheres se reunia em círculo. Sem pedir licença e sequer cumprimentar os presentes, me dirigi a um homem que estava sentado e comecei a dançar ao redor dele como uma bailarina de boate de última categoria. Ele não reagiu, então me aproximei cada vez mais. Coloquei minhas pernas entreabertas ao redor das dele e movimentei o corpo de forma provocante. Repousei as mãos sobre minha cabeça numa manifestação de total entrega e excitação. Uma mulher gritou: "O que é isso?". Todos estavam atônitos e indignados com minha investida surpreendente e desenfreada. Em seguida, apareceu um guarda para me tirar dali. Saí tranquila e caminhei sem rumo à beira do Guaíba até encontrar um jovem com sua bicicleta. Ele se mostrou atencioso, me deixou descansar a cabeça em seu colo e permitiu que eu andasse no seu veículo de duas rodas pela orla. Pedi que me levasse para sua casa, me sentia sozinha. Ele não disse nem que sim nem que não, apenas se afastou. Fiquei ali observando aquele homem gentil se perder entre os pedestres, os carros e as ruas. Engoli em seco o gosto amargo do desamparo e da alienação. Um Josué implacável me indicara o caminho da rua e do desamor, fizera com que eu me perdesse na cidade grande sem conseguir encontrar o caminho de volta. O final desse labirinto se mostraria ainda mais aterrador. Embora o perigo me rondasse a cada esquina, na minha loucura eu não tinha a menor consciência dele. Retornei ao apartamento para incorporar a última personagem daquele teatro de tragédias e sofrimento. Vestida de vermelho e negro, flertei mais uma vez com o perigo ao me imaginar uma entidade, mais especificamente a Pombajira. Ao me transformar nessa mulher sedutora, amante do sexo e da alegria, minha mente tinha apertado o gatilho contra mim. Assim, a roleta-russa começou a girar outra vez, e eu estava completamente indefesa, à mercê da sorte. Fui para a rua quando anoiteceu. Não foi preciso ir muito longe. Parei na lancheria do andar térreo do meu prédio, onde três homens bebiam. Me juntei a eles como se fôssemos amigos íntimos. A conversa fluía, pelo menos era o que minha mente maníaca imaginava. O tempo passou e o estabelecimento fechou as portas. Eu ainda estava acelerada, querendo mais, e convidei os três para subirem até meu apartamento. Realmente não era eu quem estava ali. Só podia ser uma Pombajira libidinosa que me conduzia daquela forma a um leito de luxúria e perdas sem que eu pudesse sequer reagir. Eu me lembro dos três homens entrando no apartamento, abrindo gavetas e armários, talvez procurassem drogas. Me lembro de estar dançando em meus trajes rubro-negros, da luz do abajur, dos beijos de um deles. Na minha imaginação, eles eram anjos, embora não enxergasse suas asas. Era uma forma de sublimação para uma mente destroçada. Em meio a tanta dor, a maior manifestação da misericórdia divina foi permitir que tudo se apagasse de minha memória. Poupada dos detalhes sórdidos, acordei de manhã como se nada tivesse acontecido. Ainda vi o último deles vestindo as calças e saindo pela porta. Uma sensação de anestesia e vazio invadiu vísceras e mente, e tive certeza de que não havia mais nada a fazer. Me levantei para fechar a porta. A chave estava do lado de fora, mas a deixei no mesmo lugar. Agora era tarde demais, minha vida já tinha sido escancarada. Avisados por um amigo, meus tios Valdo e Giulia conseguiram me encontrar e, assim, fui internada mais uma vez. Ladrões invadiram o apartamento na minha ausência e levaram meu computador, presente de meu pai e único bem que eu tinha até então.

6. Aqueles olhos negros

Internada mais uma vez no hospício, observei aterrorizada uma ferida que surgira perto do punho direito. Seria aids? Impiedoso Deus! As atitudes insanas, a lembrança daqueles homens no meu apartamento e a perda de memória transformaram minha mente num redemoinho de sensações aterradoras. Encolhida em um canto do imenso salão, cercada por alienados e dependentes de álcool e drogas, imaginei a possibilidade de ser fulminada por uma punição tão atroz. De repente ele chegou, sentou ao meu lado e me perguntou se estava tudo bem. Eu disse que não e questionei se ele achava que era a doença. Ele respondeu que não. Perguntei qual seria a sua atitude se descobrisse que era HIV positivo. Ele respondeu que seguiria sua vida normalmente. Seu olhar doce e sereno foi aos poucos me acalmando e me trazendo uma paz que eu julgava perdida. Seu nome era Michel e, assim como eu, ele também havia sido internado. Graças à sua companhia, consegui suportar a internação mais sofrida de minha vida. O resultado do exame deu negativo e, enquanto a ferida no punho ia desaparecendo, íamos nos aproximando. Ele era casado, tinha filhos, mas estava disposto a deixar tudo por mim. Falava que nunca havia encontrado uma mulher como eu, com quem podia conversar e ser ele mesmo. Nossa história repercutiu em todo o sanatório e o amor dele crescia de uma forma que nem eu mesma conseguia entender. Eu me deixei levar. Sua presença me trazia alívio, mas, ao mesmo tempo, eu sabia que meus sentimentos em relação a ele não eram tão intensos assim. Nós nos encontrávamos no pátio ou no grande salão, quando alienados, alcoólatras e viciados compartilhavam o mesmo espaço. Ele sempre aparecia com um aparelho de som embaixo do braço. Suas músicas prediletas eram os pagodes românticos que pareciam dedicados a nós dois.

Ficávamos um ao lado do outro conversando e trocando olhares intensos com lampejos de promessa. A cada distração dos enfermeiros, eu me arriscava acariciando sua pele negra. Certa vez fui posta de castigo por trocar um beijo suave com ele em pleno salão. Mas isso não nos afastou, e continuamos a ficar perto um do outro quando estávamos no pátio. Michel era pedreiro e morava em um dos bairros mais pobres da cidade. Nunca soube o que realmente causou a sua internação, mas ele dizia que iria mudar, que faria qualquer coisa para ficar comigo. Aquele sentimento gradativamente me tirava do fundo do poço. A fama da nossa história foi crescendo e, na ala masculina, já havia quem torcesse por nossa união. Mas isso não aconteceu. Ele teve alta antes de mim e me esperou sair. Até nos encontramos algumas vezes, ele era fascinado por mim, sempre respeitador e carinhoso. Nunca um homem me olhara com tanto amor e admiração, seus olhos negros chegavam a cintilar, mas não consegui corresponder ao que ele sentia e um dia ele se afastou definitivamente. Além disso, minha família não queria nossa união. Eu tinha plena consciência de que estava perdendo um homem maravilhoso, mas isso estava além de mim. Um Josué implacável ainda dominava minha alma e minhas vísceras.

Ele era um vício e uma amarga lembrança que tornaram cinzentos vários anos de minha vida. Michel se foi e ficou a dúvida de saber como teria sido se tivéssemos ficado juntos. Ao contrário de Josué, ele iluminou as trevas, e serei eternamente grata, esteja ele onde estiver.

Quando eu tinha em torno de oito anos, adorava conversar com os amigos pássaros no solitário trajeto de volta para casa após a escola. Eles empoleirados nos fios da rede elétrica e nas árvores ao longo do caminho e eu os admirando, inebriada e grata pela minha suposta capacidade de argumentação divina. Eu realmente acreditava que podia conversar com os passarinhos. Eu me encantava com a magia presente no desabrochar das borboletas saindo dos casulos presos aos bancos de cimento do jóquei clube, onde costumava brincar com minhas irmãs e Cristina, amiga de infância.

Eu me lembro da imensa felicidade ao socorrer um passarinho abocanhado por um dos nossos cães e poder vê-lo voar novamente, ileso. Era estupendo poder abrir os braços em meio ao campo e sentir a força da natureza em forma de tempestade se aproximando com suas nuvens negras, raios dilacerantes e o vento forte a fustigar meu corpo de criança enquanto eu pudesse suportar. Assim como deitar na grama e observar as suaves mudanças das nuvens, em dias tranquilos, a cada cerrar de olhos. A fantasia e o risco me fascinavam desde a infância e conduziam meus passos por caminhos solitários e mágicos.

Homem e natureza sempre estiveram interligados na minha concepção de mundo, e era nas páginas da *Revista Geográfica Universal* que, já na adolescência, me deliciava com essa simbiose. As paredes de meu quarto eram um mosaico de recortes da revista. Ainda recordo os olhos lindos e enormes na fotografia de uma criança oriental fitando a câmera enquanto é equilibrada por um adulto na ponta de uma imensa vara. Aqueles olhos negros e expressivos até hoje miram meu interior, fazendo com que, apesar de qualquer obstáculo, eu ainda acredite no valor da condição humana.

Esse fio condutor de pensamento, no entanto, me levou a inúmeras experiências que em vários momentos se revelaram um universo de ignorância e contradições. A primeira decepção nesse sentido ocorreu quando ingressei na faculdade de oceanografia. Foi ali que, pasma, constatei a pouca importância dada à interação do cidadão comum no cuidado com a natureza. Ainda lembro o comentário de um colega sobre a responsabilidade social de um cientista. Para ele, ao oceanólogo cabia prever o que aconteceria com o meio ambiente no futuro, mas isso não implicava qualquer contato com pessoas leigas. Nas aulas de Estudos de Problemas Brasileiros encontrei alento para minhas inquietações e decidi deixar meus amados colegas no primeiro semestre do curso, levando comigo o peso da saudade que já sentia. Mais uma vez, voei alto e cultivei grandes expectativas tanto em relação à humanidade quanto a mim.

Ao conhecer os meandros da grande mídia, optei pela comunicação alternativa e comunitária. Como diz meu pai, foi o mesmo que sair da merda para cair na bosta. Considerando certas exceções, pude observar que a mídia nanica se ressente por não ser grande, e, sendo assim, acaba se envolvendo em mesquinharias sob uma ética tão flexível quanto os seus interesses. Imersa nesse contexto e ainda cursando jornalismo, procurei uma associação ambientalista, em Porto Alegre. Ali conheci pessoas sinceras, mas embrutecidas por um estilo ultrapassado de organizar movimentos sociais. A verdade inquestionável e irredutível dos ecologistas se antepunha a um diálogo mais ameno, e o rótulo de ecochato povoava a mente tanto do grande empresariado como do senso comum. Foi assim que, mesmo estando presente, observei a tudo sem me envolver de forma mais incisiva. Aquele não era bem o meu chão. Era como se ainda estivessem verdes, imaturos, impossibilitando que eu colhesse os frutos pelos quais tanto ansiava.

Elaborar meu trabalho de conclusão do curso de jornalismo foi outro momento de expectativa. Andar descalça pela vila de pescadores no Espírito Santo, entrevistar quase cinquenta pessoas e conviver com a comunidade e com os técnicos do projeto de preservação da vida marinha foram um grande presente. Porém, levara comigo o livro *Pedagogia do oprimido*, de Paulo Freire, e passei a ter um olhar muito crítico sobre o que observei ali. Pude perceber o paternalismo que guiava seus atos na ânsia de fazer algo. Ao centralizar o poder, gerava-se o mutismo de uma comunidade inteira. E foi lendo Paulo Freire que percebi como certas atitudes do projeto desumanizavam os moradores e pescadores daquele lugar.

Minha monografia, que terminei em 1995, caiu nas mãos dos técnicos como uma bomba, mas não pude evitar; era o que eu precisava dizer. Com uma bipolaridade diagnosticada como séria, minhas viagens e meu senso de observação eram profundos, e o receio de me expor era muito pequeno. Quando havia, a fidelidade a meus princípios era maior e, assim, ia me fechando cada vez mais frente a um mundo hipócrita e melindroso. Anos de depressão me ensinaram que a capacidade de expressar o que se sente é um exercício de amor-próprio e não pode ser contido, mas sim lapidado.

A gota d'água foi o posicionamento de colegas de uma ONG ambientalista com a qual me envolvi em 2006, em Pelotas. A questão era a plantação indiscriminada de eucaliptos por multinacionais no Rio Grande do Sul. A monocultura se expandia e os ambientalistas perdiam cada vez mais terreno. Sugeri que fizéssemos um show itinerante pelo estado, com audiovisuais que mostrassem as belezas da região, com agricultores familiares divulgando seus produtos. Dessa forma, as pessoas poderiam descobrir e apostar num outro projeto alternativo de desenvolvimento. A possibilidade de usarmos o equipamento de TV da Universidade de Rio Grande para a produção do audiovisual já estava confirmada. No entanto, o simples fato de eu sugerir que a música do audiovisual fosse "Querência amada", do Teixeirinha, abortou todo o projeto. É inquestionável que essa canção habita o imaginário de quase toda a população gaúcha. Fala do amor à terra, e seu autor é um ícone da cultura gaúcha. Mas um ambientalista a vetou por ser, segundo ele, um símbolo da Revolução Farroupilha, que, na sua opinião, era uma revolução de burgueses, e não do povo.

Minha indignação foi total, mas ainda restava a última cartada: um mestrado em educação ambiental. Sonhos megalômanos voltaram a habitar minha mente inquieta ao ler *As três ecologias*, de Félix Guattari. Ele fala de uma reorientação da mídia para propósitos mais humanos. Também acredita na arte e na valorização da subjetividade como a única forma viável de desbancar o discurso sindicalista e retrógrado de lidar com as questões socioambientais. A partir disso, idealizei um projeto audiovisual com o objetivo de produzir vídeos que questionassem a forma ocidental e moderna de viver. Na verdade, era uma ideia que cultivava havia alguns anos e que me fez surtar a ponto de ser internada. No entanto, nem o cárcere nem a batelada de remédios conseguiu aniquilá-la. Eu tinha 39 anos, morava com meus pais em Pelotas e tentava mais uma vez me reerguer.

A redução drástica do salário de meu pai, devido à falência da empresa na qual trabalhava, aliada ao meu desemprego, inviabilizou o mestrado. No entanto, um professor decidiu me ajudar e acolheu a proposta como um projeto de extensão da faculdade, e eu consegui apoio de outra universidade, com vale-transporte e alguns benefícios. Escolhi uma escola do meu bairro para a iniciativa, mas o sonho desmoronou outra vez. Jovens despreparados para aquela visão de mundo, amarrados ainda a uma vida sem reflexão, colocaram o projeto na lata do lixo. Na verdade, esse é um indício da própria sociedade ocidental e representa um obstáculo tão grande que nem meus sonhos de Ícaro conseguiram alcançar. Hoje só observo, sem me exasperar tanto. O mundo está construindo seu próprio destino. Se um congresso de jornalismo ambiental tem como patrocinadora uma indústria envolvida no extermínio de pessoas pelo agente laranja no Vietnã, o que nos resta? Escolho, assim, tentar encontrar nas coisas simples um valor que poucos notam. Talvez seja a melhor opção para uma bipolar que apenas quer viver em liberdade, consumindo pouco e comendo arroz integral de vez em quando.

Até hoje me rendo à força daquele olhar que se fixou em minha alma como um elo para a vida inteira. Enquadrada pela câmera de um fotógrafo profissional, San-Hã, uma pequenina índia waiãpi, me cativou com seu sorriso de uma pureza descomunal. Fitar aqueles olhos negros de um brilho intenso foi como encontrar uma joia rara incrustada em plena floresta Amazônica. Um sorriso de uma candura indescritível estava diante de meus olhos, e eu tinha uma certeza: ela sorria para mim. Os cabelos escuros e lisos e o bracinho direito envolto por um bracelete de sementes próximo ao ombro emolduram seu lindo rostinho e atestam a origem indígena. Impossível esquecer seu nome tão singular. Mais impossível ainda não me entregar àquele amor à primeira vista.

No entanto, minha perplexidade foi enorme quando o fotógrafo me contou que aquele anjo havia se suicidado, assim como vários índios brasileiros, por falta de perspectivas de uma vida digna. Nunca mais me separei de sua foto, que guardo em minha escrivaninha junto com as melhores lembranças. San--Hã se tornou a filha que nunca tive e a esperança que continua bela apesar da violência. Não poderia, no entanto, imaginar que, anos depois, em mais um de meus surtos de mania, seria possível pensar em San-Hã como alguém presente no corpo de outra pessoa.

Ali estava eu mais uma vez, perambulando sozinha, ensandecida, pelas ruas de Pelotas em plena lua cheia. Dessa vez, em meu delírio, buscava minha sobrinha, filha de minha irmã mais nova, de ascendência indígena por parte de pai: olhos negros, cabelos escuros e pele levemente morena. Uma vez que não pudera evitar o suicídio de minha filha pequenina, agora meu plano mirabolante era proteger aquela pessoa querida das drogas e do álcool. O estopim disso tudo se deu porque minha sobrinha comentara que certa vez um homem tinha tentado colocar um comprimido na sua boca. Com a missão imaginária de defendê--la, fui às raias da loucura em meio à multidão numa agitada noite de sexta-feira sem que ninguém soubesse por que motivo eu lutava. Minha mente alterada simplesmente não concebia que qualquer miserável ousasse me afastar do convívio com aqueles olhos negros, assim como fizeram com a pequena criança que corria livre pelas terras do Amapá. Um sentimento desesperado se apossou de minha mente como a ânsia de uma mãe pela segurança de sua filha. As consequências desse ímpeto foram amargamente desastrosas. Ainda longe da multidão, me lembro de correr de forma desatinada e, sem parar, roubar um espetinho de carne de um vendedor de rua. Estava com fome e não tinha nenhum dinheiro no bolso. Era meu primeiro ato de ousadia, e saíra ilesa. Mas a noite mal começara, e não seria sempre assim. Segui em meio às luzes da cidade na direção que levava à avenida principal, onde os jovens se reúnem em êxtase nos finais de semana. Aos poucos, o silêncio das ruas marginais cedia espaço ao movimento ruidoso de pessoas aglomeradas. Ali estava minha plateia, e o show seria mais que surreal. Comecei abordando um grupo que estava próximo de uns carros estacionados. Fechei o porta-malas dos veículos que tocavam o rádio a todo volume e fiz ameaças com o palito do churrasquinho entre os dentes, como um canibal em fúria. A busca por minha sobrinha desprezava qualquer senso de ridículo. Aqueles jovens não se importaram com meu sofrimento e me escorraçaram dali como um cão sarnento. Esse conjunto foi perfeito para que meu surto se intensificasse e assumisse dimensões mais que constrangedoras. Perambulei sem destino pela avenida e, assim, ocupei todo o palco do meu desespero. De repente, uma música dos anos 1980, vinda de outro carro, me chamou a atenção. Por alguns minutos, esqueci a fúria que tinha me apossado e, sem o menor pudor, dancei sensualmente em plena rua como se estivesse numa boate de última categoria. Chocar era meu intuito e, de certa forma, consegui, pois desligaram o som em meio a olhares de desprezo. Era assim que a cada instante me tornava uma criatura desagradável, apenas isso, o destino de qualquer alienado que não encontra o caminho de volta para a sanidade. Como numa cartada final, invadi a pista, me coloquei na frente dos carros em movimento e me despi da cintura para cima. Me desfazer da camisa da United Colors of Benetton, estampada com desenhos coloridos dos continentes, foi para mim uma atitude de desprezo a esse sistema pútrido. Tudo representava o mundo que levou San-Hã e que, no meu delírio, agora pretendia violentar minha sobrinha. Sem camisa, parei numa esquina e aguardei o momento em que os carros diminuíam a velocidade para então enfiar minha perna por suas janelas dianteiras. Queria detê-los de qualquer maneira. *Onde ela está? Digam, seus desgraçados, onde ela está?!* A cada carro abordado, me deparava com motoristas atônitos em cujo semblante percebia um misto de susto, raiva e desprezo. Em meio a tanta fúria, senti um leve resquício de razão e desisti dessas investidas ao temer quebrar a perna ou ser arrastada por alguma daquelas carcaças. Ainda despida da cintura para cima, prossegui naquela cruzada pela grande avenida à espera de um novo estímulo que exorcizasse minha raiva desgovernada. Um par de algemas aprisionando minhas mãos às costas encerrou todo aquele circo de demências no qual a grande palhaça era eu. Fiquei detida até que minha sempre generosa tia Giulia chegasse. Ela colocou um casaco de lã vermelho e preto sobre meus ombros sem dizer uma única palavra ríspida, em seguida me conduziu ao hospital psiquiátrico público. Lá estava eu, mais uma vez reclusa na imensa casa branca onde meses imitam a eternidade.

7. A porção de cada dia

Experimentei uma noite desagradável numa cama com um imenso buraco na tela de ferro que servia de estrado. Eu me lembro do vão de proporções consideráveis que parecia me engolir e do qual desviara a noite inteira na tentativa de encontrar algum conforto. Depois de uma noite maldormida, sabia que teria de enfrentar mais um dia tedioso e rotineiro. Logo cedo, surgiu no corredor uma enfermeira com um olhar de algoz. Caminhou num passo duro e alardeou em altos brados: hora de levantar. Foi abrindo porta a porta numa expressão repugnante de bom-dia. Levantei do leito esburacado em direção ao próximo cenário desse itinerário do absurdo. Era um espaço não muito grande, repleto de mulheres nuas e desengonçadas. Chegava a hora do banho coletivo e de escolher as roupas disputadas quase a tapas entre as doações para o hospital. Como enjoava de usar as trazidas de casa, me aventurava naquela indumentária *frankeinsteiniana*. Além do espaço reduzido devido ao número de internas, era preciso cuidar das roupas penduradas para não serem surrupiadas, assim como dos sabonetes e xampus.

A maioria daquelas mulheres habitava corpos disformes, e, muitas vezes, estar em contato com elas me parecia algo asqueroso e triste. Com o tempo, adquiri o hábito de levantar mais cedo e, assim, conseguia, algumas vezes, de acordo com o humor das enfermeiras, um banheiro só para mim, onde podia ficar relaxada num ritual de limpeza do corpo e da alma. O perfume em minha pele e em meus cabelos era uma confirmação de que eu ainda era uma pessoa especial e livre mesmo que, com frequência, o cativeiro me roubasse esse sentimento. Depois do banho, o passo seguinte era a fila para a nossa primeira cota de remédios diários. Novamente estávamos todas amontoadas, mas agora era num corredor estreito. Momento de desespero ao ser obrigada a engolir tantos comprimidos sem ao menos ter o direito de saber para que serviam e muito menos seus efeitos colaterais. Drogas que só depois eu saberia que cobririam meu rosto de espinhas, deixariam meus movimentos travados como os de um robô e meu raciocínio extremamente lento. Não havia escolha, era engolir as boletas ou receber, na marra, o medicamento diluído. Nesse corredor havia um espelho preso próximo ao teto para que as alienadas não pudessem alcançar. Em vários momentos aquela superfície refletira minha imagem, confirmando o absurdo de minha presença ali, mas fora também o alimento para minha vaidade nos dias em que conseguia me sentir bem, apesar de tudo.

Quando a sessão de remédios era encerrada, a fila se amontoava perto da porta que dava acesso ao refeitório. Ela se abria, e o rebanho de insanas descia uma rampa em direção a mais uma pequena porta à esquerda. Um verdadeiro labirinto de impaciência e fome. Me lembro da caneca plástica de café com leite e do pão coberto com margarina pouco derretida. Para mim, esta era a melhor refeição do dia. O sabor do pão feito quase que na hora era uma bênção que eu geralmente saboreava em silêncio, num canto das compridas mesas. Ficava inteiramente entregue àquele prazer tão raro.

Mais uma porta surgia no caminho do estranho itinerário. Dessa vez, separava as mulheres dos homens internados. Para mim, era sempre um momento de expectativa a possibilidade de penetrar aquele ambiente de teto alto, iluminado por grandes janelas. Adentrar aquele terreno se traduzia num muito esperado instante de liberdade, mesmo que me deparasse com alguns homens prostrados nos bancos ou sobre as mesas. Ali era meu espaço de diálogo com o sexo masculino — era frustrante ficar encarcerada ouvindo apenas ganidos femininos.

Em meio à confecção de tapetes e desenhos, eu me movimentava entre as longas mesas sempre atenta a um diálogo que pudesse se mostrar interessante, mas nada se comparava à música. Sem o menor constrangimento, meu corpo se agitava ao som das canções que vinham das caixas de som presas no alto do salão e que, de alguma maneira, me resgatavam para uma dimensão de sonho e alegria. Nenhuma delas se comparava à "Querência amada". Ouvir aquela canção me remetia a um sentimento de orgulho pelo Rio Grande do Sul como num presságio de que o estado fosse ser capaz de erguer todo um país. Chegava, no entanto, a hora de deixar o salão, e mais uma vez nos encaminhávamos em fila na direção do pequeno refeitório, como ovelhas para o matadouro. Nos bandejões, a porção de cada dia, sem direito à repetição. As mais famintas comiam as sobras rejeitadas por aquelas já cansadas do cardápio tão exíguo. Depois do almoço, descanso para as mulheres. Eu preferia ficar deitada no chão com as pernas elevadas e apoiadas na parede, curtindo um momento de preguiça sob a réstia de sol que escapulia pelas janelas.

Também havia o grande pátio, a maior expectativa de todas para mim. Conduzidas sempre em fila, em dias de sol às vezes tínhamos o direito de pisar na grama macia e de admirar a imensidão de um céu que se traduzia na maior expressão de liberdade que aquele lugar podia propiciar. Os homens da ala dos viciados em droga aproveitavam para jogar futebol. De certa forma, se consideravam superiores aos que estavam se tratando por problemas mentais e, correndo na grama, desfilavam sua pretensa supremacia.

Uma imensa aflição me invadia quando éramos levadas ao pátio das mulheres, infinitamente menor e circundado por muros altos. Sentia um terror ainda maior quando ficávamos reclusas numa pequena peça anterior ao pátio, na qual o fedor de cigarro era fortíssimo e o banheiro se transformava numa privada a céu aberto. De volta aos corredores, aguardávamos a hora da janta em mais uma fila. Um exercício de paciência para nossas mentes já um tanto adestradas.

Outra rodada de drogas lícitas nos aguardava antes de descansarmos depois de um dia sem qualquer exercício considerável. Novamente o quarto de dimensões reduzidas, a fumaça e todas as mulheres aglomeradas em bancos retos e sem conforto. A bandeja cheia de comprimidos vinha com alguns remédios diluídos destinados àquelas que não engoliam pacificamente as boletas que lhes eram prescritas. A enfermeira chamava uma por uma até que a enorme bandeja ficasse vazia e a manada de fêmeas pudesse sair desatinada, deixando para trás a clausura das clausuras. Mais alguns minutos de espera que parecem horas até que os quartos fossem liberados. Deitei e aguardei mais um dia cuja única surpresa seria imaginar a que cômodos da imensa casa branca seríamos conduzidas.

No entanto, às vezes, as surpresas de fato ocorriam. Uma delas foi quando dei banho numa mulher que se locomovia numa cadeira de rodas. Tinha um olhar sofrido, cabelos longos castanhos e a pele clara. Diziam que ficara assim por causa de um aborto. Lembro sua expressão de alegria embaixo do chuveiro ao sentir o contato da água e o perfume do xampu e do sabonete. Ajudar minhas companheiras de cativeiro era algo que me enchia de esperança e força para suportar tamanha reclusão. Assim, me importava com os relatos daquelas mulheres sofridas e dava conselhos quando nos reuníamos em grupo com os médicos. A dra. Vivian gostava de minhas contribuições, e eu percebia todo um carinho especial dela por mim. Algumas internas comentavam o fato de eu ser jornalista, e isso representava um salto de dignidade tanto para mim quanto para aquelas mulheres simples. Também recebia a admiração de algumas enfermeiras: elas se transformaram em anjos nos dias intermináveis em que passei naquele pseudoinferno. O maior anjo de todos foi uma enfermeira de cabelo curto que me trouxe uma manga de presente. Desesperada e chorando pelo sofrimento que aquele Josué me causara, imaginava o pior ao observar a ferida próxima a meu punho. Ela perguntou o que eu queria, e lhe fiz um pedido bem simples. O fruto que me trouxe era lindo, grande e maduro. Eu me deliciei com aquela demonstração de carinho, que se repetiu em outras ocasiões quando, já liberta, nos encontrávamos por acaso nas ruas da cidade. Pessoas assim faziam com que eu deitasse feliz após dias de uma rotina que parecia não acabar. Também havia os demônios, mas eles não deixavam tantas marcas. Lembro uma enfermeira infeliz que teimou em me imobilizar com cordas numa maca por inúmeras vezes, me levando do desespero à exaustão. Um dia nos encontramos na rua. Ela perguntou: tudo bem? Eu respondi: TUDO.

"As loucas acometidas por um acesso de raiva são acorrentadas como cães à porta de suas celas e separadas dos guardiões e dos visitantes por um comprido corredor defendido por uma grade de ferro; através dessa grade é que lhes entregam comida e palha, sobre a qual dormem. Por meio de ancinhos, retira-se parte das imundícies que as cercam." Encontro esta descrição de um manicômio francês do fim do século XVIII no livro de Foucault, *História da loucura*, enquanto pesquiso material para embasar uma entrevista que faria para a faculdade de jornalismo com o deputado estadual Marcos Rolim. Defensor da extinção progressiva dos grandes manicômios e da sua substituição por formas alternativas de atendimento, este homem, durante a entrevista, me proporcionou um diálogo franco e esclarecido, considerado por minha professora um dos melhores já obtidos por seus alunos de redação jornalística. Claro que a escolha do tema me era algo bem familiar, mesmo assim, as colocações daquele homem me soavam como um elixir inédito de vida e dignidade. A maior polêmica do projeto de lei do deputado estava em pretender dar aos doentes mentais o direito à liberdade. Segundo ele, a diminuição das internações psiquiátricas era algo palpável quando havia a aposta na criação de serviços alternativos. Para Rolim, a ideia de superação dos manicômios não era utopia, mas sim um ideal democrático.

Ao mesmo tempo que o escuto, me sinto muito próxima, a ponto de compreender extremamente bem o que aquele homem dizia. Quando afirma que as pessoas perdem o direito civil no Brasil a partir do momento em que recebem um diagnóstico que recomenda a internação, sinto a alma lavada, principalmente por saber que, até o final da Idade Média, o louco era um homem inacessível, mas livre. Visto como portador de um conhecimento esotérico e constituído de formas estranhas, o alienado era um símbolo de sabedoria e inocência. De certa forma, às vezes, em inúmeros surtos de mania, eu me sentia como uma enviada divina a serviço da humanidade. Em contraposição, em vários momentos pude sentir o gosto amargo da exclusão e da indiferença.

    Marcos Rolim me fascinava com sua forma clara, sofisticada e doce de se expressar, mesmo ao falar de um assunto tão controverso. Ele comenta o fato de as pessoas se referirem ao louco como alguém perigoso e incapaz, quando, na verdade, isso não é real. Ele então diz que ninguém é louco 24 horas por dia, uma vez que as pessoas com maior volume de sofrimento psíquico intercalam períodos que poderiam ser chamados de normalidade com períodos de anormalidade. Ninguém mais do que eu sabia o que era a luta para me manter na vida real até que a próxima crise de mania me colocasse dentro de um hospício. Internada praticamente uma vez por ano, meu maior medo era não retornar daquele espectro insano. Ao final da entrevista, ele pergunta por que resolvi abordar aquele assunto. Respondo que já fora hospitalizada e que era bipolar. Rolim não consegue disfarçar a surpresa e diz, em tom de amizade, que, se eu precisasse de qualquer apoio, ele estaria à disposição. Desesperada com a falta de trabalho, diversas vezes tentei entrar em contato com ele, mas as tentativas foram em vão. De qualquer forma, continuei admirando aquele homem, e a vida se encarregou de mostrar outros caminhos. O mais incrível deles se materializou na luta por minha sanidade, que indicou a maior vitória de todas ao me fazer guerreira frente a um mundo tantas vezes débil e hipócrita.

8. Olhar a vida de frente

Desde as primeiras crises de depressão na adolescência até hoje, o que equivale a um período de trinta anos, ingeri em torno de 40 mil comprimidos. Os médicos que conheço, além dos remédios, também deixaram sua passagem assinalada nesta longa trajetória. Descontando o psiquiatra que me assediou na adolescência, passei pelo consultório de seis especialistas que contribuíram ou não, de diversas formas, para minha progressiva reinserção à sociedade dita normal. O primeiro deles se chamava Ancelmo, e surgiu num momento de desespero de minha família logo após minha primeira internação psiquiátrica. O que mais me impressionava era o fato de ele falar pouquíssimo comigo. Parecia que eu estava conversando com as paredes, e aquilo era realmente angustiante. Cada vez que expressava minhas dores, seu silêncio fazia com que elas se potencializassem, e eu saía do consultório mais confusa do que entrara. Para mim, em vez de Ancelmo, ele era a encarnação do próprio Demo. Ele só cruzava as pernas, acomodado em sua poltrona, e me olhava com uma expressão inquiridora. Não tinha como confiar naquele médico, o que inviabilizou o tratamento e fez com que eu exigisse outro profissional à minha família. Caí nas mãos de Vânia. De origem nipônica, simpatizei à primeira vista com a médica, uma vez que fez com que eu me lembrasse de Cris, amiga dos tempos da oceanografia. Me sentia relativamente bem com ela, e o único problema consistia no fato de ela me entupir de remédios a ponto de eu me locomover de uma forma robotizada, causando incômodo até à minha própria família. Sentia meu corpo aprisionado por uma química intensa. Além disso, ela costumava confundir meus desabafos com ameaças de suicídio. Meus pais acabaram concluindo que ela não regulava muito bem, mesmo assim eu tinha nela uma espécie de segurança, justificada pela minha ignorância quanto ao que seria um tratamento ideal.

Um belo dia, Vânia me comunicou que se mudaria para outra cidade e que me indicaria a outro médico. Fiquei apavorada quanto a meu futuro. Mesmo ela não sendo tão boa assim, era a referência de segurança que eu tinha, e não pude fazer nada, a não ser me contentar com sua decisão e aguardar de forma temerosa pelo médico seguinte. Como diz o ditado, é da crise que surgem as oportunidades. Ser paciente de Edson foi o melhor que poderia ter me acontecido naquele momento.

Eu vivia travada pelos remédios. Haldol e Tegretol eram os piores, fortíssimos. Meus movimentos estavam completamente duros, meu raciocínio, lento. A primeira atitude do dr. Edson foi me libertar do excesso de drogas. À medida que ele ia retirando toda aquela carga química, meu corpo respondia com movimentos mais soltos. Minha mente se ampliava a cada dia e, após uma dosagem bem mais baixa de lítio e a retirada de outros medicamentos, meu desempenho na faculdade melhorou de forma evidente. Esse médico apostou tanto em mim que não teve a menor dúvida em me liberar para o estágio que eu faria no Espírito Santo. Nós nos comunicávamos por telefone, ele no

Sul e eu no Sudeste do país, num pacto de confiança e aposta na minha saúde acima de tudo.

Depois de me formar na faculdade, fui para Pelotas morar com meus pais. Edson me desejou sucesso. Eu já não tinha mais tanto medo, mesmo sabendo que não seria tão fácil, mas ele tinha me ensinado a andar. Eu sempre soube que não havia uma cura para meu transtorno, mas pelo menos passei a entender melhor a importância do tratamento e dos medicamentos. Eu deveria acreditar neles para conseguir manter o equilíbrio e tentar levar uma vida normal.

Depois de Edson, já na cidade de meus pais, veio a Anelise, uma mulher jovem e serena, acho que até mais nova do que eu. Não acrescentou muito além do fato de afirmar que eu estava cuspindo no prato em que comia ao criticar certas atitudes de meu pai. Até hoje acho que ela deve ter tido problemas com o pai e acabou descontando em mim. Diante de tal afirmação, só pude concluir que a doente era ela, então fui procurar outro médico. Foi assim que conheci Carlos, um homem também jovem e de bom coração. Também apostava em mim como o dr. Edson, mas tinha o péssimo hábito de confundir minha mente em suas infinitas reflexões, permitindo, muitas vezes, que eu me enredasse pelo caminho. Fiquei perdida em meio a tantas elucubrações sentimentais e acabei desistindo do tratamento com ele. Tempos depois fiquei sabendo que aderira à psicanálise. Talvez agora ele realmente esteja no lugar certo, tentando decifrar os caminhos enigmáticos por onde andam as mentes de seus clientes.

Finalmente me reencontrei com a dra. Vivian, que me ouvira quando eu estava dentro dos muros do hospital psiquiátrico público que tantas vezes me aprisionou. Agora nos encontrávamos num consultório simples, longe das paredes do sanatório. Ela tem me ensinado a olhar a vida de frente, de forma prática, sem mágoas, sem esperar muito dos outros, e sim de mim mesma. Desde os tempos do dr. Edson, nunca tinha me esforçado tanto em assimilar uma lição. Também acabei aprendendo a aceitar o lítio, embora sempre reze para que esta parceria não me traga efeitos colaterais bem mais sérios à saúde. Além de causar tremedeiras e espinhas no rosto, o lítio sobrecarrega os rins. Sempre tomei muita água para evitar que o medicamento me trouxesse problemas. É preciso conviver com perdas e ganhos ao fazermos nossas escolhas. Escolhi a liberdade, e este foi o sonho mais bonito que abriu as asas sobre mim.

> *O Araketu*
> *O Araketu*
> *Quando toca*
> *Deixa todo mundo*
> *Pulando que nem pipoca.*

Lá estava eu, 31 anos, surtada, em plena rua de Pelotas, dançando atrás de um carro de som ao ritmo do axé numa tarde de Carnaval. Porta-estandarte da própria dor, me perdi entre os carnavalescos como quem tentava esquecer querendo se encontrar. De vestido curto de linho, equilibrada sobre um par de sandálias de salto alto, requebrava solitária em meio à multidão. Meu destino não era bem aquele, mas a música me envolveu e, por instantes, minha mente já alterada ficou imersa naquele clima alegre e sensual da festa da carne. Quando saí do êxtase, segui meu verdadeiro rumo, um tanto contraditório: o retiro espiritual de uma igreja evangélica. Eu estava morando com meus pais e eles não tinham a mínima ideia dos meus descaminhos.

Deixei o Araketu para trás e fui para o bairro Fragata. Andei várias quadras até chegar à igreja e, por incrível que pareça, fui bem recebida. Pelo menos foi o que registrou minha visão deturpada de psicótica em pleno surto. Os jovens ficariam alojados no salão da igreja durante todo o feriado de Carnaval. Cheguei sem uma mala sequer, apenas com o vestido curto e as sandálias de salto alto. Indumentária nada adequada, mas desconsiderei essas evidências e continuei na minha vertigem. Acabaram me arranjando trajes mais decentes, e assim permaneci alheia às diferenças num ambiente que na verdade se mostraria bastante hostil. Lembro os cânticos que eu acompanhava com uma desenvoltura que ia além do que os códigos do lugar recomendavam. Eu cantava de forma entusiasmada e circulava entre os jovens tratando-os com uma intimidade que só existia na minha cabeça. Talvez por isso, e por outras coisas mais, o pastor tenha me indicado a porta de saída da igreja como se escorraçasse um cão sarnento prestes a ameaçar suas ovelhas. Inquieta e totalmente ligada, fui posta para a rua em plena madrugada de Carnaval. Sem um tostão no bolso, fiquei vagando sem rumo noite afora, até que no meu caminho surgiu um homem ou, melhor dizendo, um filho da besta. Consciente do meu estado de demência, ele me conduziu ao seu barraco de restos de madeira e me enclausurou num quarto minúsculo repleto de imagens baratas de santos. Cheguei a ouvi-lo conversar com uma mulher mais velha em outro cubículo, o que não o intimidou frente à possibilidade de abusar da minha fraqueza. E foi assim que me conduziu para baixo do tule que cobria sua cama e tirou minha calcinha. Por várias vezes tentou me penetrar, mas me contraí com tanta força que suas tentativas foram infrutíferas. Irritado, o pequeno e troncudo homem me guiou por entre os barracos e, pela segunda vez numa mesma noite, me apontaram o caminho frio e deserto da madrugada.

Entregue novamente à própria sorte, procurei um lugar onde pudesse encontrar um pouco de aconchego. Encontrei um posto de gasolina aberto, onde permaneci até o dia amanhecer. Eu me lembro de dar voltas em torno de uma mesa, correndo atrás de um funcionário. Ele apenas␣sorria, sem permitir que o tocasse. Chegou a me emprestar sua camisa de flanela para que eu me protegesse do frio, mas jamais encostou em mim. Após tantos demônios na longa madrugada, tive a sorte de encontrar esse anjo bom pelo caminho. O cansaço tomou conta de meu corpo e minha mente já pesada suplicava por clemência. Num lapso de sanidade, lembrei meu número de telefone. De um orelhão próximo ao posto, a voz de minha mãe soou como um bálsamo de alívio e esperança. Meu maior desejo era estar perto de pessoas que me acolhessem sem preconceitos ou abusos e, assim, eu pudesse descansar em paz. Segui de táxi para a casa de meus pais, que me aguardavam juntamente com minha pequena sobrinha, que se agarrava ao travesseiro, ainda sonolenta. Seguimos todos de táxi para o hospital psiquiátrico. Todos aguardamos na sala de espera cujas únicas mobílias eram bancos duros e gelados nos quais subi e cantei incessantemente, pois me julgava um anjo encurralado. Mesmo estando em surto, estava evidente que a liberdade acabava ali.

Mais um inevitável período de internação pela frente. O pastor que me expulsou do retiro espiritual ligou para saber o que tinha ocorrido, mas não ousou botar os pés na casa branca para me abençoar. Desde aquele retiro entre anjos e abutres, nunca mais voltei a frequentar uma igreja. A iniciativa de procurá-las como uma forma de aliviar o sofrimento tinha partido de mim. Foi impressionante constatar como questões mal resolvidas podem nos conduzir a caminhos equivocados e abalar uma vida.

O gatilho para tanta dor, que desencadeou minha busca angustiada pelo consolo na religião, veio de onde eu menos esperava e num momento bastante inoportuno. Após retornar da primeira ida ao Espírito Santo, meu peito estava cheio de expectativas, e a autoconfiança começava a dar sinais de existência após anos de uma leve, mas crônica, depressão. Tudo foi abaixo quando Giulia, num acesso de fúria diante de meu psiquiatra Edson, me acusou de ser totalmente irresponsável. Nessa época, morávamos juntas. Meu pai já estava morando em Pelotas, e minha família decidiu que eu ficaria morando com ela em Porto Alegre para concluir a faculdade. Sobrecarregada no trabalho, minha tia começou a se estressar com minha falta de colaboração nas tarefas domésticas. Ela tinha razão; o problema era a falta de diálogo. Isso gerou um dos maiores desconfortos de minha vida, pois a sensação era de que eu estava dividindo o teto com alguém que na verdade me odiava e que só então eu percebia. Mas eu sabia que ela me amava muito. Esse foi o estopim para que buscasse várias igrejas pentecostais numa sede desenfreada por consolo e paz de espírito. Em algumas encontrei certa dose de alívio. Procurei também acolhida na casa de minha irmã mais nova, mas ela se negou a me receber, alegando incompatibilidade de gênios. Então convivi por mais nove meses com minha tia.

Nesse período, voltei ao Espírito Santo mais duas vezes, mas a cidade já não tinha o mesmo brilho e a mesma alegria. Comecei a respirar mal, e as faltas de ar de fundo emocional torturavam meu peito com uma dor que não dava trégua, a ponto de muitas vezes eu ter a sensação de que a morte me levaria. Foi nesse contexto que, após minha formatura, deixei a capital e fui morar com meus pais em Pelotas. Apesar da separação de corpos, eles continuavam morando sob o mesmo teto num pacto de conveniências em que as brasas não adormeciam e carcomiam sua relação dia após dia.

Três anos de sofrimento ininterrupto se seguiram, e por mais que eu tentasse não conseguia me libertar do rótulo de irresponsável e inadequada. Remédios tarja preta como Lexotan, além dos livros de autoajuda, eram meus companheiros de cabeceira, mas nada aliviava aquele sofrimento. Apenas um singelo livro de bolso cristão fez a diferença: *Livre para perdoar*. Após dias e noites de repetidas leituras, finalmente alcei um dos voos mais significativos de minha vida, que só o perdão poderia proporcionar. Antes de tudo, hoje entendo que a ignorância dos medianos jamais permitirá que alcancem o raciocínio de uma bipolar, mas que o contrário é possível. A grande aventura foi primeiro conhecer a mim mesma, e depois buscar aceitar os outros e nunca alimentar a ilusão de ser compreendida.

Não havia nada mais reconfortante do que o contato com a água em plena chapada dos Guimarães. Minha viagem começou em Cuiabá, mais especificamente na casa de meu amigo do jornalismo, o Zé. Foi ele quem me proporcionou a impressionante vista do Véu da Noiva, em forma de uma cachoeira alva, longa e tênue. Assim, passamos um dia inteiro em meio a águas poderosas e a escaladas pelas encostas daquele lugar mágico. Doce de caju e um conjuntinho de short e blusa cor-de-rosa foram os presentes que recebi de sua mãe. Seu pai reclamava de minha demora no banheiro, onde eu me trancava com minha nécessaire preta com produtos para as intrépidas espinhas causadas pelo lítio. Esse era o início de minha conquista pela liberdade numa aventura por cinco capitais brasileiras após minha primeira internação. Agora com 23 anos, diante dessa manifestação de desequilíbrio total de minha parte, meu pai relutou em permitir que eu me arriscasse sozinha pelo país. Giulia morava conosco, e sugeriu que eu fosse, já que eu precisava ser responsável por mim mesma. Com a carta de alforria da família, me lancei rumo ao inesperado com a certeza de que surtar seria a última alternativa.

    Após Cuiabá, a próxima escala foi um encontro nacional de estudantes de comunicação, em João Pessoa, na Paraíba. Fazendo jus à minha futura profissão — e como comunicar era meu dom —, por várias vezes me aventurei em diálogos inesperados nesta viagem que mais pareceria um teste para a vida em liberdade. Ainda no avião, a preocupação por chegar à meia-noite na capital paraibana era algo real. Comentei o fato com o senhor que estava sentado ao meu lado. Após me ouvir em silêncio, ele pediu meu nome completo e o número da minha identidade. Só então fiquei sabendo que tinha uma alta patente no Exército e, assim, mesmo descendo numa escala anterior, ele providenciou uma carona do aeroporto direto para a universidade da Paraíba. Assustador foi enfrentar o breu da madrugada sozinha no banco traseiro de um carro, em uma cidade desconhecida, com dois homens que eu nunca vira antes sentados à minha frente. Eles obedeciam às ordens do comandante, e eu, não estando num surto de mania, sabia que corria certo risco, mas a bipolaridade faz com que o sentimento de estar em perigo sempre tenha um fascínio.

    Tudo correu bem e cheguei à universidade em plena madrugada, para a surpresa de meus colegas que já estavam ali. Pouco recordo dos debates sobre comunicação, mas lembro que eu e meus colegas da UFRGS éramos os únicos que não fumavam maconha. Em meio à fumaceira geral, nossa sala era um raro oásis de ar puro. Também guardo na memória a imagem de um homem que se despiu e subiu numa mesa do refeitório. É claro que a manifestação não levou a nada, mas pelo menos deve ter satisfeito o ego do jovem que estava exibindo seus atributos. Certa noite, caminhávamos pela beira-mar quando, de repente, ouvimos o latido furioso de um cão atrás de um muro. De uma hora para outra, o portão se abriu e o animal ficou cara a cara com a gente. Todos saíram correndo, menos eu. Parada, encarei o grande cachorro que também olhava para mim. Para surpresa de todos, ele saiu tranquilamente para a rua sem agredir ninguém. Havia muito tempo eu sabia que demonstrar medo aos nossos algozes era incentivar a carnificina. E, assim, o cão se foi sereno enquanto eu dava provas da minha pretensa psicologia animal aos meus colegas surpresos.

Numa manhã de sol, fomos à Ponta do Seixas, ponto mais oriental do Brasil e da América Continental. Estar ali suscitou em mim um sentimento de pequenez diante de todo um planeta. Essa sensação foi positiva, uma vez que me colocou no meu devido lugar: eu era um ser humano comum, e não uma bipolar superpoderosa. Pensar assim foi fundamental para enfrentar a próxima escala que se mostraria repleta de tentações. Cheguei a Recife com um destino certo: Diretório Central dos Estudantes, situado na rua do Hospício. O nome era um mau agouro ou ironia do destino. Desembarquei no aeroporto em pleno horário do rush, e a perspectiva de enfrentar ônibus lotados fez com que eu deixasse minha mala, de proporções consideráveis, no guarda-volumes. Fiquei apenas com uma pequena sacola de plástico contendo o básico para poucos dias, mas as filas imensas e desorganizadas fizeram com que eu desistisse de pegar um ônibus. Sem saber o que fazer, fiquei parada, um pouco distante daquela confusão toda. De repente chegou uma moça, e eu, falante que sou, comecei a puxar papo e a lhe expor todo o meu drama. Como numa providência divina, ela me disse que seu marido iria buscá-la ali e que me dariam uma carona. Era incrível, e eu só podia pensar que o universo conspirava a meu favor.

Para minha surpresa, o companheiro dela surgiu em uma pequena moto. Mais surreal ainda foi cabermos os três no veículo em direção à rua do Hospício. Chegamos ao DCE, um prédio frequentado por estudantes que, segundo o casal que me levara até ali, pareciam suspeitos. Eles me deixaram com um olhar de preocupação, mas lhes assegurei que tudo ficaria bem. Na verdade, eu não tinha a mínima ideia do que me aguardava, mas não havia como voltar atrás.

Descobri que teria de dormir no parquete duro, colchões nem pensar. O máximo que havia era um pedaço de esponja disputado quase à tapa. No banheiro coletivo só contávamos com um cano, cuja água era compartilhada por um bando de mulheres peladas. Era véspera de Carnaval e o clima era de aventura. Numa noite me dirigi a Olinda com um grupo de estudantes cujos rostos não me recordo, mas que, com certeza, não eram de nenhuma igreja evangélica. A festa da carne atravessou meu caminho sem me privar da liberdade. Bonecos gigantes confeccionados pela população local, o encontro das quatro esquinas famosas, os Quatro Cantos, o bar do cantor Alceu Valença e a alegria de uma multidão espremida entre os prédios históricos. Pulei Carnaval cercada por absolutos estranhos. Confesso que nunca estive tão bem acompanhada. Foi lá que provei uma bebida energética caseira chamada "pau do índio" e cheirei loló pela primeira — e única — vez na vida. Conversei com várias pessoas das quais também não recordo o rosto e muito menos o nome. Tudo transcorreu bem, e no dia seguinte segui numa Kombi velha com outro grupo em direção a uma praia deserta cheia de coqueiros maravilhosos e águas límpidas.

Depois de um Carnaval maravilhoso em Olinda, meu próximo destino foi Maceió. Dessa vez não deixei minha mala no aeroporto, uma vez que em Recife me roubaram alguns pertences que viriam a fazer falta. No aeroporto, peguei uma carona até a praia de Ponta Verde com dois rapazes que conheci no desembarque. Numa singela pousada, consegui uma cama quebrada onde passar a noite. Deixei minha mala no quarto e fui para a rua, rezando para que ela não fosse violada. Circulei sozinha de biquíni pela praia no dia ensolarado. À tardinha, saí novamente e reencontrei os dois rapazes com os quais dividi a carona, mas eles não me deram muita atenção. Comparado ao agito de Recife, achei Maceió entediante. Só passei uma noite lá. Fiz a mala, peguei uma carona até o aeroporto e parti em direção a Salvador com dinheiro apenas para um cartão telefônico. Minha irmã estava na cidade, na casa de uma amiga, e torci para que ela atendesse o telefone. Socorrida mais uma vez pela providência divina, minha irmã me acolheu e me deu dinheiro para voltar a Porto Alegre. Antes, dei um passeio pela praia de Itapuã para sentir a brisa do mar.

    Retornar sã e equilibrada foi uma façanha incrível. Todos os dias da viagem, ligava para os meus pais para dizer como estava. A viagem deu certo. Mostrei a eles que tinha condições de me aventurar por outros lugares. Aquilo foi um estímulo que fez com que eu acreditasse em mim mesma e renascesse de depressões e manias sempre que necessário, mesmo que as evidências indicassem o contrário. Assim aprendi o valor das palavras "confiança" e "fé", e como elas fazem diferença na vida.

9. Provocar a vida

O ano era 1991, e a guerra no Golfo Pérsico seguia com força total. Pouco mais de um ano depois da queda do muro de Berlim, o receio de uma guerra mundial habitava o imaginário de várias pessoas. Eu me preocupava com minha irmã mais velha, uma pessoa que acreditava em discos voadores, que temia a bomba atômica, e que eu julgava tão frágil. Na ocasião, ela trabalhava no Rio de Janeiro e morava sozinha. O conflito no Oriente Médio me impressionou a tal ponto que desencadeou um surto de mania que me fez sair do Rio Grande do Sul para encontrá-la. Minha família pareceu não perceber os indícios do distúrbio de humor se apoderando de minha mente, e embarquei sozinha no aeroporto Salgado Filho numa viagem que me conduziu a mais um delírio insano. Tudo começou no próprio avião, quando percebi a presença de um jovem loiro e bonito. Ele viajava a negócios, e conversamos de forma descontraída até aterrissarmos no Galeão. A preocupação com minha irmã foi se dissipando e acabei me embrenhando por caminhos inusitados.

Ainda no aeroporto, eu e ele esperávamos um táxi quando, de repente, surgiu uma moça alemã perguntando como podia fazer para chegar ao centro da cidade. Já mergulhada no surto, achei tudo aquilo mágico e convidei a turista para dividir o táxi conosco. Apesar do meu inglês mediano, conseguimos nos entender. O homem permaneceu calado, pois não entendia o idioma. Eu me sentia nas nuvens. Conversar com uma pessoa de outro país sempre me fascinou. O distúrbio bipolar facilita ainda mais o diálogo, pois ignora qualquer amarra para uma mente que se expande numa entrega em que receios e constrangimentos não existem. Nesse ponto, eu havia me esquecido completamente de minha irmã. Acabei passando as noites no quarto de hotel dele e, durante o dia, passeava pelo Rio com a alemã. Era como se conhecesse o território havia muito tempo. Incrível como tudo se encaixava e assim passeávamos por pontos turísticos, subíamos o Cristo Redentor e andávamos de bondinho como algo mais que natural para mim. Talvez, na verdade, a alemã me conduzisse e eu, totalmente alienada, nem percebesse. Eu me lembro do repuxo muito forte na praia de Copacabana. Não entrei no mar, mas ela, professora de educação física na Alemanha, se arriscou a dar várias braçadas, enquanto eu caminhava pela orla numa tarde nublada e chuvosa. Eram passeios agradáveis, nos quais eu tinha a oportunidade de treinar meu inglês e de conhecer alguém de uma cultura diferente. O mesmo não acontecia quando retornava ao hotel. Meu desejo era simplesmente dormir ao lado daquele homem, mas, é claro, meu comportamento insinuante indicava o contrário. Mesmo enfrentando aquela situação constrangedora, não entrei em contato com minha irmã.

A essa altura, a guerra no Golfo já tinha sido apagada de minha memória e os temores com relação a ela eram reminiscências de um passado distante. Minha irmã chegou a ir ao hotel me procurar. Batera à porta, mas, do outro lado do olho mágico, fiquei observando sua imagem distorcida. Com a mente dominada pelo surto de mania, ignorei seu chamado. Só a procurei quando a situação ficou insustentável e aquele homem deixou minha mochila na portaria do hotel e proibiu minha entrada. O homem bonito do avião me colocou dentro de um táxi e pagou a corrida até o apartamento de minha irmã. Ela me recebeu bem, e à noite arrumou uma cama no chão do pequeno apartamento para nós duas e seu namorado.

Com a cabeça já desnorteada, acabei dando uns beijos no braço dele. Minha irmã deu um salto, perguntando o que estava acontecendo. Eu não tinha onde me enfiar. Na verdade, nem eu mesma tinha a exata noção de por que agira daquela forma. Num surto, nada faz muito sentido. O tempo custa a passar. Na primeira hora do dia seguinte, fui conduzida ao aeroporto pelos dois. Me lembro de ela comentar sobre minha agenda da Anistia Internacional dizendo que a iniciativa da ONG era muito interessante. Em minha alucinação, pensei que seria melhor ainda se todas as pessoas, inclusive ela, realmente fizessem algo pelos direitos humanos. Fui colocada num avião em direção ao lugar de onde nunca devia ter saído. A guerra do Golfo se estendeu por mais algumas semanas. Não ajudei minha irmã; pelo contrário, infernizei-a, fazendo-a inclusive faltar ao trabalho. Aprendi que depois de depenar uma galinha soltando suas penas ao vento é praticamente impossível recuperá-las. Naquele momento, percebi que o perdão não está ao alcance de todos e que perder a confiança de minha irmã foi uma sequela que eu talvez tivesse de carregar pela vida inteira. Mas tempos depois o destino me deu uma nova chance.

A música da Madonna ecoava pelo andar da casa do estudante em Porto Alegre. Nesse cenário, Jorge e eu dançávamos ao longo do imenso corredor com os corpos unidos no simulacro de um tango ingênuo que não admitia timidez ou culpas, apenas prazer e felicidade. Ele sabia da minha bipolaridade, e isso era um elo para que nossa cumplicidade fosse cada vez maior, já que a epilepsia também costumava arrebatá-lo em forma de convulsões e crises de ausência. Uma energia mágica sempre me conduzia ao seu quarto na certeza de encontrar alguém especial com quem poderia divagar sobre a essência e a hipocrisia da vida.

Tomando chimarrão e olhando em meus olhos, Jorge se encantava com minha inocência ao mesmo tempo que, com seu humor sarcástico, me revelava o lado sombrio da alma humana. No entanto, por trás de sua debochada e amarga ironia, eu conseguia vislumbrar um homem sensível e comprometido com o amor de uma forma que poucos conseguiam perceber, e eu estava entre essa minoria. Soube que chegou a morar na rua. Soube também da dor que ele sentia pelo fato de sua mãe ter ficado cega em função da diabetes.

Mesmo assim, Jorge se esforçava para ser alegre, e recordo as vezes que saímos na rua de braços enlaçados fingindo ser um casal de gringos. Eu com meu inglês macarrônico e ele com seu sorriso debochado imitávamos um casal de estrangeiros fingindo consumir produtos caros em hipermercados. Até aí éramos só amigos irreverentes, mas, certo dia, cheguei à casa do estudante com os cabelos curtos, mais uma vez como os de Sinéad O'Connor. Jorge, por coincidência, também tinha cortado os seus. A química foi imediata e, por alguns dias, nos apaixonamos perdidamente um pelo outro. A mania começou a se apoderar de mim e passei uma semana inteira na casa do estudante sem a menor lembrança de avisar minha família. A proximidade com Jorge aumentou e, numa manhã de sol, nossos corpos nus se enlaçaram num momento singular que jamais se repetiria.

Cheguei a acreditar que passaríamos por algo duradouro e especial. Estava, mais uma vez, enganada. Todo o encantamento se rompeu de repente, e a paixão foi paralisada quando soube que ele era gay. Seguimos com nossa relação, mas num flerte quase platônico. Permaneci anos encantada por aquele artista, pelo seu sorriso zombeteiro, pelo seu humor negro e pela sua história de vida.

Outra figura surreal da casa era um estudante de direito chamado Rafael. Cabelos castanhos, forte, pele clara, inteligente e completamente alucinado. Eram de conhecimento público, e notório, seus surtos e gritos ensandecidos pelos corredores, quando abaixava as calças e mostrava seus dotes para qualquer um. Também pude presenciar um desses funestos espetáculos, o que só fez despertar em mim o interesse em ajudá-lo. Um dia eu o acompanhei até um prédio da faculdade de direito. Ele acreditava estar sendo perseguido e, quanto mais eu tentava alcançá-lo, mais ele se desesperava e disparava entre os andares, mobiliário e pessoas. Desisti da perseguição com receio de também ser internada por parecer estar surtando em plena universidade. Soube que ele acabou sendo internado pela família.

E havia o Zé, meu amigo: sangue índio, seu deleite era provocar a vida. Embarcar em qualquer loucura sempre fora sua viagem predileta. Um dia me carregou para uma boate gay numa daquelas fases em que, mais uma vez surtada, eu jogava dinheiro para o alto como se não tivesse valor algum. Zé logo viu a oportunidade de gastarmos tudo o que eu tinha numa bela noitada, e me conduziu por caminhos nada convencionais da noite porto--alegrense. Alheia a tudo, entrei na boate e comecei a dançar de forma sensual, bem a meu gosto, no espaço iluminado de vermelho e com um globo prateado girando no teto. Aos poucos, fui percebendo o lugar quase vazio. Continuei a dançar, e a sensação era de estar experimentando algo novo e interessante. De repente, uma travesti de cabelos ruivos longos entrou no pequeno palco e começou a dublar uma música que me soou um tanto brega: "Hoje vou mudar, vasculhar minhas gavetas, jogar fora sentimentos...". Sem o mínimo de discrição, gritei que aquela música era coisa de gente velha. A travesti me lançou um olhar fulminante. Imersa no surto que avançava, continuei com meus questionamentos estilísticos sem a menor noção de estar em terreno perigoso. Zé percebeu a ameaça e tentou me tirar dali. A caminho da porta vi um homem apoiado num balcão conversando com outra travesti. Me aproximei dele e tentei arrancar a aliança de casamento que tinha no dedo, num gesto de reprovação. Enquanto eu delirava, Zé, de forma resoluta, me tirou dali antes que fosse tarde demais para nós dois.

10. Seres noturnos

No pescoço eu carregava um colar negro como o breu, em forma de vários anéis, confeccionado por índios do Mato Grosso e emprestado a mim pelo Zé. Na mente, o desejo de curtir a vida junto à trupe da oceanografia na extensa praia do Cassino. Peguei a estrada para Rio Grande sem imaginar o que viria pela frente, mas com o pressentimento de que algo grande estava para acontecer. Era sempre bom poder alimentar a alma com a brisa do Atlântico. Recomeçava assim mais um episódio de devaneio e alegria cujo inevitável fim me conduziu a mais um misto de desespero e alienação. Era como se uma bússola mística conduzisse meus pés solitários no seu caminho ao léu pela praia na noite escura. As pernas se moviam de forma automática e me conduziam a destinos conhecidos e desconhecidos. Meio por instinto, andando entre casas escuras, encontrei uma festa de aniversário onde logo avistei alguns conhecidos. Na minha loucura, o fato de não ter sido convidada era algo irrelevante e, dessa forma, me entrosei no ambiente como se fosse de casa. Cheguei à cozinha, onde um grupo se reunia para usar drogas, e cheirei duas carreiras de cocaína de uma vez só, como se fosse algo absolutamente normal para mim. Mais natural ainda foi presentear a aniversariante com o colar negro que eu trazia no pescoço — perda lastimável para meu amigo Zé.

Com o ânimo turbinado pela cocaína, saí da festa sozinha e comecei a caminhar a esmo pelas ruas até encontrar um bar aberto. No seu interior, havia três homens, e um deles me chamou a atenção por sua força e por algo mais que eu não podia explicar, mas que me atraía como um ímã. Entrei e fui sentando em seu colo sem pedir licença. Por mais que tudo parecesse vulgar, minha mente perturbada entendia aquele momento como algo sincero e puro. Ele não me afastou, pelo contrário, permitiu que eu me enroscasse em seu pescoço e sentisse o perfume suave que tanto me atraíra. Ignorei os outros dois e fiquei encantada naquele ritual imaginário de pureza e sedução sem perceber a armadilha que estava prestes a me engolir. De repente, os três me levaram até um jipe verde-escuro. Mergulhada em minha alienação, não percebi o perigo que se aproximava e continuei a me aconchegar nos braços daquele estranho que, em meu delírio, representava uma espécie de príncipe encantado. Chegamos a um sobrado, no qual entrei sem a mínima noção do que aconteceria. Perguntei onde ficava o banheiro e subi as escadas. Mesmo percebendo mãos ansiosas que me tocavam por trás, continuei alheia a tudo. Fechei a porta e, sentada no vaso sanitário, pensei o quanto aqueles homens estavam sendo inconvenientes. Desci as escadas e só então me dei conta de que eles seriam literalmente capazes de me molestar. Eles começaram a gritar para que eu tirasse a roupa. Nessa hora, o pânico me invadiu como uma golfada fria no peito. Sem muita escolha e temendo uma violência maior, me desfiz aos poucos das peças na esperança de que tudo aquilo retrocedesse. Um deles gritou para que eu me apressasse, e acabei ficando só de calcinha na frente de três homens desconhecidos e alucinados.

O que havia me parecido um príncipe era agora a própria encarnação do belzebu. Me obrigaram a deitar sobre uma grande mesa e, aos gritos, exigiram que eu ficasse completamente nua. Mais que consciente sobre o que estava por vir, chorei compulsivamente na esperança de que a graça divina me libertasse daquele martírio numa espécie de arrebatamento mundano. Como num milagre, minha estratégia desesperada surtiu efeito e fui colocada porta afora. Meu destino era a noite escura. Assim que atravessei o portão, aquela bússola metafísica continuou guiando meus passos de forma automática. Foi como se nada tivesse acontecido. Prossegui como uma marionete conduzida por uma mente insana até o nascer do sol, que me libertaria dos seres noturnos e seus desejos profanos.

Conciliar um distúrbio bipolar diagnosticado como sério com uma carreira profissional razoavelmente bem-sucedida não se mostrou uma tarefa muito fácil, pelo menos para mim. Com uma índole voltada para a prestação de serviço às pessoas, muitas vezes o retorno financeiro era algo irrelevante para uma visionária inveterada como eu. Minha ideia de trabalho era um tanto quanto fora dos padrões. Não estava necessariamente atrelada a cifrões. Minha história foi marcada pelo voluntariado: visitas a orfanatos na adolescência, Anistia Internacional, movimento ambientalista, iniciativas de comunicação comunitária e de educação junto a jovens em situação de risco. Acreditava num mundo melhor. O fato de meu pai estar sempre ali para ajudar a filha "doente" colaborava. Eu me graduei em jornalismo aos 29 anos, após um período de catorze semestres, prolongados por internações praticamente anuais em que eu ficava reclusa de um a três meses. Marcada pela alcunha de totalmente irresponsável, atribuída a mim por Giulia, e com o abrigo negado pela irmã mais nova que alegava incompatibilidade de gênios, me despedi de Porto Alegre e segui para o interior numa investida decididamente contra a maré.

A mentalidade nanica da mídia interiorana de Pelotas não se abriu para meu simples currículo voltado para a comunicação comunitária e alternativa. Trabalhei certo tempo num jornal pequeno, mas a aventura não durou mais que uma edição. Ao tentar vender anúncios num restaurante para o mesmo tabloide, consegui um emprego como garçonete. Nunca imaginei que fosse gostar tanto de servir mesas, atender pessoas e lavar pratos. Após quatro meses de uma rotina que só me proporcionava alegria, tive um surto psicótico que me colocou mais uma vez no hospital psiquiátrico. Após descobrir que um rapaz estava interessado em mim, fiquei tão eufórica que mais uma vez surtei e me perdi da realidade. Tentei voltar para o restaurante, mas as portas não se abriram mais para mim. Na expectativa de ter algum retorno, investi tudo no voluntariado. Durante um ano, participei de quatro entidades ao mesmo tempo: uma ONG ambientalista, um projeto com adolescentes carentes em situação de risco, um projeto de saúde mental numa vila de pescadores e uma rádio comunitária. Assim, mergulhei no universo das questões sociais e da esquerda sem, entretanto, me envolver com a política partidária. Mesmo assim, fui indicada por um colega do movimento ambientalista para assumir um cargo de confiança na capital.

Lá estava eu, aos 33 anos, de volta a Porto Alegre, na Secretaria de Educação do Estado, trabalhando para um partido político num ambiente burocrático e tendo que fazer propaganda para o governo mesmo em situações controversas. Dentro do conceito de um jornalismo de qualidade que adquirira na academia, em minha opinião, lidar apenas com um ponto de vista, que é o que geralmente acontece num trabalho de assessoria de imprensa, não passava de um grande contrassenso ético. O fato de ficar presa, praticamente doze horas diárias em um ambiente cercado por mesas e papéis a perder de vista, fez com que, após cinco meses adiando uma decisão que já era óbvia, eu me demitisse e voltasse aos movimentos sociais. Não foi uma escolha fácil, já que ficaria sem condições de me manter na capital, mas arrisquei no incerto, esperando colher algum fruto. Eu me engajei no Movimento Nacional de Meninos e Meninas de Rua e na causa das rádios comunitárias de Porto Alegre. Com o objetivo de fazer mestrado, também ingressei num grupo da faculdade de educação da UFRGS, que desenvolve projetos em galpões de reciclagem.

A observação e o senso crítico aguçado me acompanharam nas interações com o mundo e com as pessoas. Não muito dada à falsa educação, mas à autenticidade, minhas parceiras ao longo do caminho muitas vezes foram a inveja e a rejeição daqueles que buscavam projeção e poder em cima dos movimentos populares.

Com tantos obstáculos e mentiras, não era tão absurdo entender por que os surtos de mania vinham num traiçoeiro passe de mágica: eles realizavam os desejos que o mundo real deixava a desejar. Ao mesmo tempo, a labuta era urgente diante do receio de perder o pequeno apartamento do sétimo andar, que, num dia de sol e chuva, era abençoado pela graça divina em forma de pingos dourados. Assim, comecei a trabalhar num pequeno jornal de bairro e, depois, num projeto de comunicação comunitária com jovens da Vila Cruzeiro, uma das regiões mais violentas da capital. Poder construir um diálogo junto a eles era um velho sonho que se realizava, e apostar num futuro com dignidade, apesar de tudo, era o norte da bússola que nos guiava em direção à inclusão social, deles e minha também.

Mais uma vez a inveja alheia — em forma de boicote por parte dos diretores da ONG que conduziam o projeto — me colocou à margem da grande roda. Foi nesse contexto que me envolvi com o implacável Josué e me lancei às chamas do desprezo com suas mesquinharias. Meu corpo foi mais uma vez transformado em cinzas e jogado nas dependências do hospício na cidade de meus pais, à espera que eu renascesse mais uma vez, o que era certo que aconteceria. Antes disso, minha família pensou em me aposentar pelo INSS. A perícia médica chegou à conclusão de que eu estava apta para o trabalho. Para mim, foi um alívio saber que, apesar de tudo, eu tinha condições de poder contar comigo mesma. Na verdade, eu já sabia disso, sempre soube.

Lá estava eu em Pelotas novamente, trabalhando para jornais de fundo de quintal. A vontade de fazer um mestrado em educação ambiental começou a crescer. O desejo era fruto de um interesse natural e sincero que teve seu ápice com o tema de meu trabalho de conclusão do curso de jornalismo. O fato de o meu trabalho ter sido citado numa tese de mestrado foi um incentivo. Comecei a investir minhas fichas nessa possibilidade, além de cogitar algum concurso público. O temor por minha fragilidade financeira começou a dar os primeiros indícios e, por volta dos 38 anos, isso realmente começou a me apavorar. Coloquei essa questão num grupo de saúde mental do qual participava. Uma psicóloga incompetente, que não podia tolerar o fato de eu, a paciente, falar inglês e já ter ido a Paris, afirmou que eu precisava recomeçar a minha vida de baixo.

Como uma maldição dos deuses, isso aconteceu bem na época em que a aposentadoria do meu pai foi reduzida. Perdi a oportunidade de entrar no mestrado, pois não podia mais contar com a ajuda dele, e dei início a minha fascinante vida de faxineira no bairro onde morava. Confeccionei pequenos cartões nos quais me oferecia para fazer faxina e fui colocando nas caixas de correio das casas. Consegui alguns clientes e limpei algumas casas do meu bairro. Cheguei a morar em outra cidade, onde trabalhei para uma mulher truculenta que se dizia juíza, mas que, na verdade, morava numa casa um tanto modesta num bairro de periferia. A geladeira estava sempre cheia, mas não havia um único livro de direito naquela casa que mais parecia decorada num atacado de 1,99. As notas de cinquenta reais jorravam com facilidade da carteira daquela mulher, para quem tudo parecia correr muito bem, mesmo com seus frequentes ataques de raiva e com a violência com que tratava sua filha de doze anos. Eu mesma pude ver o sangue escorrendo do nariz da menina após ser agredida pela mãe furiosa. Um livro do Dalai Lama na cabeceira e as mensagens de meu namorado no celular garantiam minha estabilidade emocional naquele ambiente tão pouco acolhedor.

Eu era obrigada a limpar toda a casa de joelhos e dormia num quarto pequeno sem banheiro, interligado com o da menina por uma janela. Eu aproveitava os momentos de distração da menina para tomar meus comprimidos de lítio o mais rápido possível. Depois de um mês, a pretensa juíza resolveu me demitir sem muitas justificativas. Talvez, sabendo que eu era jornalista, temesse pela minha denúncia. Além disso, não podia contar com minha conivência no flerte que entabulava com o jovem motorista, casado e pai de dois filhos pequenos, que a atendia de tempos em tempos. Assim, voltei para a rotina de faxineira no meu bairro, cuja tarefa enfrentava até com certa resignação e alegria. Sem alternativa, engoli a inevitável frustração e continuei minha retomada profissional bem de baixo, até conseguir um emprego de doméstica com carteira assinada.

Cuidei da casa de um casal de aposentados e sua cadela *border collie* durante dois anos. Minha patroa percebeu que eu não tinha muita experiência, e certo dia confessei ser uma jornalista recomeçando a vida. Apesar da pouca experiência, ela gostou de mim mais que do meu trabalho. Aprendi muito sobre humildade, sobre calar e ouvir, ter paciência e, acima de tudo, criar estratégias para sair da lama. Com o dinheiro contado, paguei um curso preparatório para um concurso público. Consegui passar, mas ainda precisaria aguardar ser chamada. Alegando minha bipolaridade, consegui bolsa num curso de massagem patrocinado pelo Rotary Club. Assim, me libertei das lidas domésticas e retornei ao mundo do trabalho considerado digno pela sociedade. Virei massagista e, pouco tempo depois, fui chamada para ocupar a vaga de agente administrativo da prefeitura. Mais adiante, ingressei no curso de antropologia. O mais interessante foi ter percebido que a simplicidade é o segredo de tudo. Ver a vida com olhos ternos, sem grandes megalomanias, apenas sentindo o pulsar das pessoas e das coisas, foi uma bênção e uma promessa de liberdade para uma bipolar como eu. A memória de cada peça de roupa esfregada num dia frio à beira de um tanque foi uma aula de humildade e perseverança para uma visionária que apenas queria voar junto aos seus, e não mais despencar de voos estratosféricos rumo a solidões abissais.

11. Este mar me trouxe para onde estou

Sua face se transformara numa expressão raivosa e seu dedo em riste parecia me culpar por tudo aquilo. Ele vociferava em altos brados discursos metafísicos sobre o spin do átomo com a boca cheia de comida, distribuindo amostras do cardápio para todos os lados. Ali estava eu, no abarrotado restaurante universitário em pleno horário de almoço, enquanto Cláudio enlouquecia numa física apocalíptica e aparentemente contava com minha cumplicidade. Nós nos conhecemos no grupo de lítio por ocasião da minha primeira internação. O destino nos colocou na mesma faculdade, e foi assim que testemunhei seu surto com um misto de medo e vergonha.

Cláudio era um homem alto, forte, de pele morena e expressão decidida. Sua mania estava nas alturas, a ponto de perseguir as colegas pelos corredores da faculdade. Por saber o que se passava com ele e, ao mesmo tempo, temendo por minha reputação, quanto mais ele aprontava, mais desconfortável eu me sentia. Todos na faculdade mantinham distância, como se lidassem com um ser estranho. E ele não deixava de ser, uma vez que estava literalmente noutra dimensão. Ele às vezes vinha em minha direção, como que me testando. Mesmo temendo me expor, num ato mais que desesperado, lhe dei alguns comprimidos de lítio, pois àquela altura era certo que o retrocesso daquela loucura era algo bem mais complexo. Na realidade, não estava certa se ele me reconhecia no seu delírio, mas o fato de conhecer sua identidade e doença me corroía por dentro. Voltei para casa abalada com tudo aquilo, e me encolhi na cama em posição fetal, buscando aconchego e proteção no quarto vazio. Não comentei o ocorrido com meus familiares. Aquele era um problema que só a mim cabia solucionar. A vontade era de sumir, de voltar ao ventre materno como numa forma de exorcismo do transtorno bipolar. O medo também crescia diante da possibilidade de eu voltar a mergulhar num surto de proporções catastróficas. Além disso, havia a vergonha pela exposição diante de colegas da faculdade de jornalismo que poderiam vir a me julgar.

Chorei e me aninhei em forma de concha num misto de lamento e responsabilidade, por saber o que estava acontecendo sem fazer nada. No dia seguinte, fiquei sabendo que Cláudio tinha dormido na escadaria de acesso à faculdade. Aquilo já estava indo longe demais. Deixando qualquer pudor de lado, procurei a diretora e expliquei o que estava acontecendo com ele. Naquele momento, confessei que também era bipolar e sugeri a internação como o melhor a ser feito. Era assim que minha família lidava comigo, e eu mesma achava que aquela era a solução mais acertada dentro da minha experiência de vida. O camburão da polícia foi pegá-lo. Ele tentou resistir, mas acabou sendo internado. Tempos depois ele reapareceu na faculdade, mas estava só de visita. O fato de me expor e ficar rotulada para sempre não era algo que me preocupasse tanto até então. Outros surtos viriam depois disso. Apesar de não ter uma imagem imaculada, aprendi que a capacidade de se reerguer é o grande trunfo de um bipolar e, no meu caso, essa foi a maior prova de amor por mim mesma.

No princípio, me saber bipolar trouxe mais fascínio do que receio ou qualquer outra forma de sentimento. Nem o fato de ter protagonizado uma crise de mania bombástica em Florianópolis, com direito a humilhação e cadeia, conseguiu amenizar em mim a admiração por um cérebro tão poderoso. Dessa forma, o rito praticamente anual de reconstrução da vida após as internações só alimentava meu fascínio diante da possibilidade de ser uma pessoa diferente e especial. Justifica-se aí o pouco interesse de minha parte por teorias clínicas e científicas que enquadrassem meu comportamento. Quase ignorando as perdas consideráveis ao longo do caminho, prevalecia uma sensação de eterna juventude que o futuro me provaria ser equivocada. Na verdade, todas essas impressões geravam sentimentos contraditórios, pois, ao mesmo tempo que me julgava especial, experimentava também o gosto amargo do preconceito e da exclusão. Assim vivia como uma excêntrica malabarista que se equilibra a grandes alturas sobre uma corda instável, oscilando entre a alta e a baixa estima. Em constante acompanhamento psiquiátrico, experimento minha bipolaridade de uma forma espontânea e sonhadora, numa opção de vida que me poupa do medo e da vergonha, mas, ao mesmo tempo, afunila as perspectivas de futuro. Eu me lembro de uma colega na faculdade que surtou alucinadamente e foi internada. O susto e o vexame foram tão grandes que ela nunca mais foi hospitalizada e deu uma guinada de sucesso em sua vida profissional. Minha preocupação, no entanto, não se centrava num projeto individual, uma vez que o desejo de construir um mundo melhor era a única opção para uma enviada divina e superespecial como eu. Batendo nesta tecla ininterruptas vezes, construí uma trajetória de sonho, decepções e sofrimento, na qual recomeçar era imprescindível, e perdoar a mim mesma, uma necessidade inquestionável. A cada situação constrangedora gerada pelas crises, era preciso retomar do zero. E foi assim por dez internações, das quais renasci cada vez mais forte e lúcida, numa espécie de podar de asas, até encontrar a melhor dimensão de mim mesma.

A decepção com pessoas e movimentos sociais fez de mim, em determinado período de minha vida, uma mulher tomada pela raiva. Perdera a confiança em qualquer um, e a vontade de construir um mundo melhor se mostrava drasticamente abalada. Tudo começou com o desemprego em Porto Alegre e o desprezo de Josué, que morava no bairro Menino Deus, mas que pouco possuía de generoso. Nos movimentos sociais, como o das rádios comunitárias, das questões ambientais e dos jovens em situação de risco, eu teimei em ser coerente com valores éticos, mesmo sabendo estar cercada por víboras que buscavam o poder de forma sorrateira, mas, muitas vezes, descarada. Eu acreditara no sonho, mas, a cada passo ao longo da jornada, o percebia desmoronando. A experiência nas rádios comunitárias me proporcionou o desprazer de conviver com fulanos e beltranos que a seu bel-prazer conduziam ou cooptavam pessoas em comunidades com o único fim de ascensão pessoal. Utilizando o discurso da comunicação popular e da participação, galgavam degraus de uma estrutura corrompida sugando e monopolizando os veículos alternativos de comunicação e às vezes deixando tudo para trás ao atingirem seus objetivos de status e poder. Apesar da suposta crítica à grande mídia, acabavam se assemelhando a ela em sua ganância, censura e pobreza de espírito.

Durante uma reunião da rádio comunitária, comentei o fato de ter lido num livro de antropologia que os indivíduos de fala complexa são aqueles que mais se escondem. Foi o suficiente para que o diretor prolixo me fuzilasse com seu olhar ameaçador numa perfeita alusão ao que ele era capaz. O envolvimento com a causa dos meninos de rua também não fugiu muito deste modelo. Enquanto pseudoeducadores populares organizavam eventos nos quais pudessem ostentar sua pseudoutilidade, jovens representavam o papel de bucha de canhão em projetos esdrúxulos com pouco retorno social. No dia em que um desses educadores confessou ter inveja de mim, percebi que as portas estavam fechadas e a melhor opção seria me retirar de um trabalho que tanto amava. Ao tentar ser uma militante da causa ambiental na cidade de meus pais, persisti em participar de uma ONG na ilusão de atingir esse objetivo. Aos poucos fui percebendo que tudo não passava de uma panela hermeticamente fechada na qual meu papel se resumia a de mero fantoche. Falavam de coletivo pela sustentabilidade, mas, na verdade, só olhavam para o próprio umbigo numa sede insana de poder e promoção social. Praticamente durante uma década busquei parceiros com o intuito de interferir no mundo de uma forma construtiva. Talvez o senso crítico lapidado na faculdade de jornalismo tenha dificultado meu entrosamento por ser uma pessoa fiel demais a valores e crenças. Acreditei nos discursos que anunciavam um mundo digno e igualitário. Acreditei na democracia até perceber que aqueles que a exaltavam muitas vezes não passavam de hipócritas.

Voltar para Pelotas após tão execráveis experiências foi uma espécie de gota d'água. Ali tudo se repetia. Era um município falido com uma história de exploração e desigualdade que remetia à escravatura. Imersa na decepção, eu percebia a cidade como que movida por um espírito vampiresco que suga até a última gota do precioso líquido vermelho vivo. Era assim que eu entendia a elite e a plebe daquele lugar. Para mim, eles sugavam os poucos exemplares ainda intocados por sua pestilência até sobrar apenas o bagaço, e ainda assim puxavam o tapete uns dos outros sem a menor lisura e consideração. Marcada por várias desilusões, para mim este era o cenário aterrador que se anunciava. O ódio carcomia minhas entranhas. Eu sentia falta de amigos naquela Pelotas sinônimo de desemprego, egoísmo e dissimulação. Ao caminhar pelas ruas de calçadas estreitas, esbarrava em pessoas que, para mim, naquele momento não passavam do mais explícito exemplo de mediocridade. Não suportava mais aquela repulsa revirando meu estômago, mas não conseguia mudar, uma vez que minha percepção ferida da realidade permanecia ali, dura como um muro intransponível.

Numa tarde de sol em plena feira do livro na praça central, me deparei com um exemplar que mudaria minha vida definitivamente. Sem dinheiro para comprá-lo, me torturei e fiquei admirando sua capa e imaginando o quanto seu interior poderia me ajudar. Frustrada, caminhei ao léu pelas ruas ao redor da praça numa vaga esperança de que algum milagre me possibilitasse adquiri-lo. Ainda não sei se por providência divina ou não, o fato é que encontrei na calçada trinta reais perdidos, e o livro custava dezenove. *A arte de lidar com a raiva*, do Dalai Lama, me mostrou a porta de saída do inferno em que eu me encontrava e trouxe a promessa de uma paz que eu já desconhecia. Foi lendo este livro que descobri não haver mal mais intenso que o ódio, e que toda a minha insatisfação com tantas estruturas corrompidas era o combustível responsável pela fogueira desse sentimento que aniquilava meu interior. Percebi que em vários momentos minha indignação contra injustiças sociais fora o catalisador para meus atos visionários, mas a raiva que sentia agora era absolutamente diferente. Ela corroía minhas vísceras e envenenava qualquer interação com outras pessoas. Ter consciência do negativismo deste sentimento despertou em mim a crença na possibilidade de alcançar uma estabilidade mental havia muito tempo perdida — se é que algum dia eu a tivera. Assim, iniciei minha trajetória, buscando a suplantação do sofrimento como uma força propulsora para a busca do crescimento do espírito e do equilíbrio da mente. Mais do que nunca, comecei a busca pela compreensão das complexidades que originam fatos e comportamentos. Ansiava alcançar a calma e a tolerância frente à ignorância humana. Sabia que esse processo levaria tempo, o que era muito bom, uma vez que não me tornaria uma maníaca alucinada certa de ter encontrado a iluminação imediata.

Depois de me libertar da raiva, a possibilidade de enfrentar as adversidades através da disciplina da mente foi o melhor presente que o Dalai Lama me proporcionou. Agora sabia que nem sempre poderia interferir nas coisas que chegavam até mim, mas enfim vislumbrava a possibilidade de controlar minha reação a elas. A partir daí segui uma vida simples, sem projetos mirabolantes ou grandes expectativas. Era o momento de lamber as feridas e cuidar de mim. As internações cessaram e comecei minha empreitada em busca da serenidade, um exercício de equilíbrio no qual antes prevalecia a soberania dos extremos.

O sol penetrava ainda tímido por entre as roturas de uma grossa cortina azul-marinho, iluminando a superfície da cama no pequeno quarto. Imersos na tênue penumbra, descansavam os corpos nus de um homem e uma mulher entrelaçados após um momento de intimidade consagrado pelo amor. Minha mão acariciou seu peito num gesto tímido ao confessar pela primeira vez, num sussurro, as crises e internações psiquiátricas por que passei. Com uma história marcada por traumas na infância e revolta na adolescência, este homem de alma nobre sorriu e disse que estava tudo bem. Seu afeto incondicional entrou como um raio de luz, e agora eu sabia que já não estava só. Foi assim que um novo horizonte surgiu onde imperava a fragilidade e a culpa. Fragilidade por não ter sabido lidar com a separação de corpos de meus pais. Culpa por ter sido a única a tombar enquanto os outros membros de minha família seguiam suas vidas sem olhar para trás. Se houve um tempo em que me permiti abstrair totalmente da realidade, hoje esta mente antes insana se mostra minha mais fiel aliada, se transformando num elmo sagrado na conquista do equilíbrio em busca do simples desejo de viver a vida real. Sigo, contudo, sem jamais esquecer a solitária magia de me entregar aos altos e baixos de um mar de insanidade e risco. Este mar me trouxe para onde estou. Suas inquietas ondas me jogaram na areia da praia do entendimento. Cresci. Só fica a certeza de saber que, de onde vim, muitos outros ainda virão.

Não sei em que exato momento cruzei a ponte que me conduziu à sanidade, mas posso dizer que entendo o processo que me trouxe até aqui. Uma filosofia vinda do oriente me fez refletir sobre mim e sobre como interagir com as pessoas que cruzaram meu caminho. Em vez de raiva e decepção, o discernimento e a esperança de que seria possível sobreviver aos meus limites nesta relação entre mim e o mundo. Estou sem internações desde 2005, quando encontrei perdidos numa calçada os trinta reais que me possibilitaram comprar *A arte de lidar com a raiva*, do Dalai Lama. Foi nesse momento que começou meu aprendizado de que é mais importante observar as batalhas do que nelas intervir. Aprendendo a me amar, me tornei livre. Aprendendo a entender, me libertei da tirania dos infelizes. Aprendendo a perdoar, libertei a mim mesma. Então, percebi que o apego ao sofrimento de meu pai após a separação de corpos gerou a doença mental que me fustigou por anos a fio.

Apesar da importância dos ensinamentos budistas, nunca consegui deixar de acreditar em Deus e num Jesus amoroso que me acolhesse e me trouxesse paz em momentos difíceis. Assim, fui deixando por terra ilusões de um mundo irreal e mágico. O melhor lugar é aqui e agora. É neste instante que eu posso viver, amar e ser eu mesma em todo o meu esplendor. Já não busco um mundo ideal, busco um mundo real e melhor a cada dia. Meu aprendizado começou ao trabalhar como faxineira, doméstica, massagista e hoje funcionária pública. Deixei para trás meus tempos de Joana d'Arc e encarei a vida com toda sua simplicidade e beleza. Ainda penso em fazer um mestrado em antropologia, já que a condição humana me fascina tanto. Em 2006, aos 39 anos, um ano após comprar o livro do Dalai Lama, encontrei meu companheiro, meu anjo da guarda. Sua bondade e simplicidade cruzaram meu caminho com decisão e insistência. Disse ter se encantado por mim à primeira vista. Eu estava ali, reclusa, ainda com certo receio das pessoas e com medo de mim mesma, com medo de uma mente insana que me arrancava do mundo sem pedir licença. Ele me aconchegou em seus braços e me aceitou como eu era, de uma forma que ninguém havia feito. Ele enxergou no fundo de meu coração e eu fiz o mesmo em relação a ele. Dois seres rebeldes, mas dóceis; frágeis, mas fortes. Crescemos juntos numa espécie de pacto silencioso. Vencemos obstáculos e sorrimos mesmo tendo tão pouco diante do conceito de sucesso dos materialistas e infelizes donos da razão. Cessaram as internações.

    Fábio me abraça enquanto andamos à noite pelas ruas de areia da praia do Laranjal. Dos fones de ouvido que dividimos vêm as vozes de David Bowie e Prince. Presentes dele para mim. De repente, toca uma música dos anos 1980, mágica. Penso em como seria fácil surtar vendo aquelas estrelas, as árvores e o imenso céu. Mas ele me segura pela cintura, é a minha âncora, o meu anjo que me quer aqui. Nunca ninguém me quis tão perto como ele, nunca desejei tanto ficar.

Epílogo

Em 2016, depois de ter terminado este livro, fui hospitalizada outra vez. Precisei trocar de medicação porque o lítio estava me intoxicando. Hoje tomo Depakene, que é um estabilizador de humor, Riss, que é um antipsicótico, e Akineton, para evitar o tremor nas mãos. Largar um remédio que você toma há tantos anos não é nada fácil. Meu humor ficou instável e acabei discutindo com uma colega no trabalho. Ter aquele acesso de raiva e impaciência me desestabilizou, foi contra tudo o que eu buscava. Foi um sofrimento muito grande, e para mim foi como se as coisas perdessem o encanto.

Tudo em que eu acreditava se fragilizou, até mesmo o budismo, que eu vinha seguindo nos últimos anos. Para falar a verdade, nunca fui uma budista de carteirinha. Pegava o que me interessava e não deixava de acreditar em Deus, o que poderia parecer meio contraditório. Certa vez, fui a uma palestra de um lama num hotel e perguntei como era ser budista num mundo competitivo e consumista. Ele disse para eu meditar na frente de uma vitrine. As pessoas presentes riram, mas eu não. De qualquer forma, continuei indo às reuniões de um grupo budista de Pelotas, pois buscava meu equilíbrio para assim ajudar outras pessoas através da paciência e da compaixão, já que tinha sido expulsa de uma igreja evangélica num retiro de Carnaval. Apesar dos meus surtos absurdos, eu tinha o sonho de ajudar outras pessoas buscando a renovação da minha mente e o amor. Continuei persistindo nessa ideia. Aspirava ao bem das pessoas e, para isso, tentava buscar uma vida generosa e sincera, embora nem sempre conseguisse. De repente, após minha última crise, tudo mudou.

Durante todo o processo de internação, Fábio continuou ao meu lado, e isso fez uma grande diferença, mas me decepcionei muito comigo mesma. Internada, encontrei consolo no Novo Testamento, que pedi a Fábio que levasse para mim. Junto com ele vinha um desenho do rosto de Jesus dizendo que sempre estaria ao meu lado. A partir daí me afastei do budismo e só ficou um sentimento de impotência e tristeza. No hospital, havia uma funcionária evangélica que, de tempos em tempos, falava comigo. Um dia conversamos sobre Deus e Jesus. Seus olhos brilhavam enquanto ela falava. Queria que os meus brilhassem daquele jeito.

Minha colega de quarto se chamava Cristina. Era uma senhora miúda e tratava a todos com muita educação. Ela morava no hospital, fora colocada ali pela família. Tinha hábitos muito regrados, como escrever em silêncio em seus cadernos, lavar suas roupas e dobrá-las perfeitamente. Lia a Bíblia todos os dias e rezava ajoelhada ao lado da cama. Dizia que estava ali injustamente por se importar demais com os filhos, que consideravam seu afeto uma forma de perseguição. Um dia estávamos conversando e lhe disse que eu havia escrito um livro sobre bipolaridade. Então falei que o bipolar é uma pessoa sensível, que se afeta bastante e que por isso muitas vezes é incompreendido. Contei também que, nos tempos de estudante de jornalismo, trabalhei como recenseadora do Instituto Brasileiro de Geografia e Estatística; que, atuando numa zona perto do hospital Moinhos de Vento, em Porto Alegre, conheci uma numeróloga de quarenta e poucos anos que me disse que um dia eu escreveria um livro que ajudaria muitas pessoas. Ela me escutou calada. Pediu o nome do livro e disse que iria ler. Espero que não se assuste com as encrencas em que me envolvi e que consiga entender os conflitos de alguém que se atrapalhou em meio a um mundo tão confuso e muitas vezes pouco acolhedor.

Pelotas, agosto de 2016

ESTA OBRA FOI COMPOSTA PELA ABREU'S SYSTEM EM INES LIGHT
E IMPRESSA EM OFSETE PELA LIS GRÁFICA SOBRE PAPEL PÓLEN BOLD DA
SUZANO PAPEL E CELULOSE PARA A EDITORA SCHWARCZ EM ABRIL DE 2017

A marca FSC® é a garantia de que a madeira utilizada na fabricação do papel deste livro provém de florestas que foram gerenciadas de maneira ambientalmente correta, socialmente justa e economicamente viável, além de outras fontes de origem controlada.